Vida da literatura

Vida da literatura
Flora Süssekind e Guilherme Foscolo (orgs.)

ISBN 978-65-81097-24-0

Embora adote a maioria dos usos editoriais do âmbito brasileiro, a n-1 edições não segue necessariamente as convenções das instituições normativas, pois considera a edição um trabalho de criação que deve interagir com a pluralidade de linguagens e a especificidade de cada obra publicada.

COORDENAÇÃO EDITORIAL Peter Pál Pelbart e Ricardo Muniz Fernandes
DIREÇÃO DE ARTE Ricardo Muniz Fernandes
ASSISTÊNCIA EDITORIAL Inês Mendonça
EDIÇÃO EM LaTeX Paulo Henrique Pompermaier

1ª edição | Julho, 2022
n-1edicoes.org

Vida da literatura

Flora Süssekind e Guilherme Foscolo (orgs.)

n-1 edições

Apresentação

FLORA SÜSSEKIND
GUILHERME FOSCOLO

No início de 2018, por ocasião do aniversário de trinta anos da publicação do livro *Materialidades da Comunicação* [*Materialität der Kommunikation*] – editado pelo teórico da literatura Hans Ulrich Gumbrecht – surgiu a ideia de reunirmos, junto ao próprio Gumbrecht, um grupo de pesquisadores para discutir a recepção brasileira de alguns dos conceitos que se projetaram a partir daquele horizonte teórico. O livro, como se sabe, reuniu textos produzidos para a quarta edição de uma série de colóquios organizados por Gumbrecht na década 1980, em Dubrovnik, na então Iugoslávia. Essa constelação que se construiu como novo campo das materialidades na década de 1980 manteve, e aqui é importante abrir um pequeno parêntesis explicativo, uma persistente influência na cena brasileira.

Em 1977 Gumbrecht foi convidado a vir ao Brasil pela Pontifícia Universidade Católica do Rio de Janeiro. O seminário sobre "história literária" organizado por Luiz Costa Lima contou com a participação de pesquisadores que se tornaram referências para os estudos literários no Brasil: Flora Süssekind, Silviano Santiago, Roberto Ventura, Italo Moriconi, Marcos Augusto Gonçalves, entre outros. A partir desse seminário, e certamente muito em função dele, as relações de Gumbrecht com o Brasil se intensificaram: pelo menos desde aquele ano Gumbrecht visita anualmente o Brasil e suas instituições de ensino e pesquisa, contribuindo para a formação de mais de uma geração de pesquisadores brasileiros e avançando um diálogo permanente e intergeracional. É curioso, nesse sentido, que o próprio colóquio das materialidades possua uma história brasileira. Foi em uma conversa com um amigo brasileiro (tudo leva a crer que o próprio Luiz Costa Lima) que, em 1979, na cidade de Dubrovnik, teria surgido a ideia de produzir uma série de colóquios que tornassem possível um retorno ao mar Adriático.[1] O mesmo Luiz Costa Lima também esteve presente no Colóquio de 1987, aquele que deu origem ao livro das Materialidades e que, talvez não por coincidência, ocorreu no mesmo ano em que Flora Süssekind publicou *Cinematógrafo de Letras* – um livro que foi precursor em pensar as relações entre literatura e técnica no Brasil e, sobretudo, fez avançar a pesquisa sobre materialidades no próprio horizonte histórico de sua produção.[2]

No texto de Gumbrecht para o livro das Materialidades, intitulado "Flache Diskurse" mas que, na versão inglesa, recebeu o título de "Farewell to Interpretation", a intenção foi realizar um mapeamento para um campo futuro: a preocupação com a emergência de outros modelos de autorreferência humana traduzia-se, ali, na tentativa de produzir um campo teórico que se propusesse menos espiritual, mais tecnológico e anti-transcendente. Após trinta anos da publicação do ensaio (de algum modo) inaugural, tínhamos a expectativa, em um primeiro mo-

1. Cf., a este respeito, Hans Ulrich Gumbrecht, *Produção de Presença: o que o sentido não consegue transmitir*. Trad. Ana Isabel Soares. Rio de Janeiro: Contraponto/Puc-Rio, 2010, pp. 23-24. Também a entrevista concedida por Gumbrecht a Dau Bastos, "Logo haverá mais romancistas em atividade que leitores de romance", publicada no Fórum de Literatura Brasileira Contemporânea em 2014: <DOI: *https://doi.org/10.35520/flbc.2014.v6n12a17378*>, acesso em novembro de 2019.

2. Flora Süssekind, *Cinematógrafo de Letras: Literatura, Técnica e Modernização no Brasil*. São Paulo: Cia das Letras, 1987.

mento, de que o encontro em 2018 possibilitasse um mapeamento de métodos, perspectivas e experimentações teóricas que tratassem das transformações da percepção na experiência contemporânea.

Daí o interesse, nesta ocasião, de realizar um evento que reunisse três gerações de pesquisadores brasileiros que estivessem em diálogo com o campo das materialidades. Enviamos um projeto para o Centro de Pesquisa e Formação do SESC-SP, que, felizmente, tornou-se um parceiro para a realização do encontro. Mas havíamos planejado, originalmente, um evento de grandes proporções, e um dos pedidos do SESC para realizar a produção foi justamente que pensássemos em um formato mais compacto, talvez uma mesa. Reformulamos a proposta, mas já não fazia mais sentido manter o título – também de grandes proporções – "Materialidades da Comunicação: trinta anos depois". A solução que encontramos foi alterar o título da mesa para "Fazendo sentido na vida e na literatura", em consonância com o título de uma coletânea de artigos de Gumbrecht publicada nos EUA em 1992.[3] Enviamos a proposta para Gumbrecht, mas, dessa vez, ele respondeu que na verdade nunca havia gostado desse título: pois soava "hermenêutico demais" para o seu gosto. A contraproposta que ficou, dentre outros motivos, pela afinidade com o título de um livro de Flora Süssekind, veio do próprio Gumbrecht: "Vida da literatura: corpos, tecnologias, felicidade?".[4]

Os textos que compõem este livro são provenientes desse primeiro encontro no Centro de Pesquisa e Formação do SESC-SP. O ensaio de abertura é de Hans Ulrich Gumbrecht, que, arriscando-se com os contextos

3. Hans Ulrich Gumbrecht, *Making sense in life and literature*. Trad. Glen Burns. Minneapolis: University of Minnesota Press, 1992.

4. Flora Süssekind, *Literatura e vida literária: polêmicas, diários & retratos*. Rio de Janeiro: Jorge Zahar, 1985.

exploratórios de *corpos místicos*, *bliss* e *intensidade*, propõe uma nova *forma de vida* a partir da cultura literária. A interrogação que acompanha "felicidade" foi ressaltada por Gumbrecht em mais de uma ocasião – ela ressoa, ainda hoje, uma atmosfera sombria que se avoluma com os fenômenos do neofascismo e com a ascensão de novas formas de reacionarismo no Brasil e no mundo contemporâneo. Talvez, justamente por isso, o ensaio seguinte, o de Flora Süssekind, chame a atenção para uma outra face da *bliss*, o êxtase negativo, que Süssekind reconstrói a partir de uma análise que remonta ao trabalho de Ana Cristina Cesar na tradução do conto "Bliss", de Katherine Mansfield. O ensaio de Guilherme Foscolo procura explorar caminhos futuros para as materialidades, propondo assim pensar em vida das tecnologias a partir de um diálogo com o *Manifesto Ciborgue*, de Donna Haraway. Alex Martoni, por sua vez, propõe – na contramão das previsões contemporâneas para a *morte da literatura* – pensar em como a dimensão sensível da leitura reivindica uma literatura viva, ou ainda uma *vida da literatura*. Por fim, o texto de Nicolau Spadoni remete para uma *vida além da literatura*, mas que, sobretudo, é também literária no sentido *gumbrechtiano* do termo: provocando o futebol entre acontecimento e filosofia, Spadoni acena para uma forma de vida que se alimenta da/e alimenta a própria literatura.

Gostaríamos de agradecer à Julia Gomes pela intermediação e à Andrea Nogueira e equipe por terem possibilitado a realização deste primeiro encontro no Centro de Pesquisa e Formação do SESC-SP. Agradecemos também à Universidade Federal do Sul da Bahia pela concessão de apoio financeiro para esta publicação.[5] O livro que o

5. Por meio do Edital PROPPG/UFSB N 8/2021, processo 23746.003400/2021-88.

leitor tem em mãos é a materialização de um feliz encontro de pesquisa: e, também nesse sentido, representa a felicidade (ainda possível) nesta forma de vida.

A vida da literatura
Intuições sobre corpos místicos, bliss *e intensidade*

HANS ULRICH GUMBRECHT

Cerca de vinte anos atrás, por volta da virada do milênio, críticos acadêmicos da literatura em todo o mundo pareciam envergonhados (ou deveríamos dizer: muito distantes) de seu tradicional objeto de estudo. Referências à noção de literatura e aos fenômenos por ela abarcados tipicamente provocavam, à época, comentários sobre seu caráter histórico como um motivo de incoerência conceitual, e tanto os pesquisadores individuais quanto seus departamentos se redefiniram avidamente como, na verdade, dedicados à "cultura". Depois de repor uma noção admitidamente vaga por uma que, a rigor, não tem quaisquer limites semânticos e que, por conseguinte, autorizava reivindicações de competência verdadeiramente bizarras, estamos agora de volta a um foco mais circunscrito na "literatura", embora ainda precisemos esquecer todas as razões que gostávamos de ativar em prol da passagem intelectual para a "cultura".

Nessa situação, tenho me perguntado como podemos explicar nosso reacendido interesse pelos fenômenos literários e, também, quais tradições filosóficas podem ajudar a fazer com que esse retorno seja verdadeiramente valioso. Uma primeira intuição sugere (e tenho apenas intuições, nenhum argumento real para oferecer) que a frase "vida da literatura", de maneira surpreendente, adquiriu uma nova fascinação e até mesmo pertinência. "Surpreendente" porque, não apenas em círculos politicamente corretos, a palavra "vida", por toda sua inofensividade enquanto metonímia para "instituições" literárias, implica o risco de carregar consigo uma conotação do fascismo. Pois a "vida", como um conceito nas Humanidades, não pertence a um horizonte semântico que parece perigosamente próximo a certos motivos nietzschianos e seu abuso por ideologias políticas da primeira metade do século passado?

Embora esse possa bem ser o caso, acredito que precisamos contornar o problema se quisermos chegar a uma nova posição no que se refere à nossa relação estética com os textos, uma posição que pode ser a força motriz por trás do fascínio reafirmado da literatura e por trás de uma maneira diferente de cumprir funções que costumávamos chamar de "políticas". Em cinco etapas rápidas de "pensamento de risco" (e mantendo as contribuições de Flora Süssekind e Guilherme Foscolo em mente), eu gostaria de cobrir essa trajetória pela primeira vez. Começarei com uma observação geral sobre o estatuto histórico da experiência estética. Em seguida, desenvolverei duas perspectivas de uma sintomatologia do nosso presente que levarão à identificação de certos desejos que emergem nas sociedades contemporâneas. A partir daí, em um quarto passo, quero propor uma série de conceitos que possam ajudar a descrever formas de leitura e de experiência estética capazes de reagir a esses desejos específicos. Por fim, escreverei sobre "intensidade", "*bliss*" e "corpos místicos" como três contextos nos quais a leitura literária pode, hoje, revelar uma nova vida.

***

Embora a palavra "estética" evoque o antigo conceito grego de *aisthesis* (para "percepção"), acredito que o que chamamos de "experiência estética", em vez de ser um fenômeno meta-histórico, teve um começo cronológico muito mais tardio, datando da virada do século XVII para o XVIII. Para poder precisar esse momento, é necessário partir da premissa filosófica de que nós inevitavelmente reagimos a cada "objeto intencional" (isto é, para cada percepção física que encontra uma representação em nossa mente) em dois níveis diferentes. No nível da interpretação, no sentido de atribuir significado a objetos intencionais ao aplicar conceitos a eles; e no nível de presença, relacionando-os ao nosso corpo e nossos sentidos (por exemplo, identificando objetos intencionais como tangíveis ou remotos). O que chamávamos de primeira "racionalidade" moderna dependia e seguia um enquadramento sistemático da dimensão da presença na vida cotidiana, baseado em uma predominante autorreferência humana que era exclusivamente focada na mente (no sentido do "Sujeito" como conceito filosófico e da célebre frase de Descartes "penso, logo existo"). Para uma era da Racionalidade, todas essas situações se tornaram excepcionais e específicas; situações nas quais, contra aquele enquadramento geral, a dimensão da presença ainda tinha um papel a desempenhar. Elas tendiam a ser designadas para dimensões existenciais exteriores à vida cotidiana, e foi a elas que Alexander Gottlieb Baumgarten se referiu em sua tese sobre "Estética" de 1735 como o núcleo da beleza e do bom gosto.

***

Com o surgimento da visão histórica de mundo desde o terceiro quartel do século XVIII, a centralidade da autorreferência humana enquanto "Sujeito" ganhou fortes contornos institucionais e, como consequência, todas as formas não totalmente racionais de relacionamento com o mundo (todas aquelas que ainda implicavam traços de presença) foram então vistas como apartadas da vida prática. Isso explica por que, no contexto do desdobramento sistemático de suas visões históricas do mundo, pensadores como Kant, Schiller ou Hegel começaram a falar sobre a "autonomia" da experiência estética; e talvez também justifique o status particular de certos objetos da experiência estética (a saber, os chamados "clássicos") como isentos da premissa fundacional da História que faz do tempo um agente inevitável de mudança – ao passo que grandes obras da literatura, arte e música pareciam transcender as regras da mudança inescapável, de passados que ficavam para trás de cada novo presente, e do futuro como um horizonte aberto para inovações permanentes.

Hoje em dia há razões suficientes para se acreditar que, no início do terceiro milênio e globalmente, a visão histórica de mundo não funciona mais como a temporalidade central dentro da qual passamos nossas vidas cotidianas. Em vez de um horizonte aberto de possibilidades para escolhermos, o futuro que chega parece ocupado por múltiplas ameaças que estão lentamente vindo em nossa direção; o passado não mais se retrai por trás do presente para ser finalmente esquecido – mas, em parte graças às capacidades de armazenamento eletrônico, inunda cada vez mais o presente; e entre esse futuro que se fecha e este passado novo, quase agressivo, o presente, que em certos momentos da História costumava ser um momento imperceptivelmente curto de transição, começou agora a se ampliar e se desdobrar como uma dimensão que contém simultaneamente todos os fenômenos disponíveis aos humanos. Se, no entanto, a autorreferência humana enquanto pura mente e Racionalidade estava ligada à visão histórica de mundo e seu breve presente, essa transformação profunda na forma de temporalidade pode explicar por que, durante as últimas décadas, temos estado tão ávidos em recuperar o corpo, o espaço e a presença, tanto em nossas tentativas filosóficas de descrever o que é ser humano quanto em todos os âmbitos de nossas práticas cotidianas.

Nesse cenário, situações que, para além da mente e da interpretação, dependem da presença e dos sentidos, não são mais excepcionais ou "autônomas". Por princípio, a experiência estética tornou-se assim onipresente, embora vá levar ainda algum tempo até que tenhamos descoberto e registrado sua participação na maioria dos (se não em todos) segmentos de nossas vidas sociais e individuais (claro, poderíamos também dizer que a experiência estética não existe mais como estatuto tradicional, uma vez que perdeu sua autonomia institucional). Por outro lado, e quase ironicamente, o que aconteceu durante as últimas décadas também cumpre, inadvertidamente, um sonho e programa utópico do começo do século XX que queria cancelar a condição de "autonomia" da experiência estética e "permear a vida com a arte".

***

Além de tornar a experiência estética potencialmente onipresente, o presente amplo também transformou profundamente as condições sob as quais lidamos com a complexidade do mundo. Desde a era da Racionalidade e do Iluminismo, nosso modo central de ser confrontado com o mundo era aquele da contingência, o que significa que, para cada objeto intencional, múltiplos conceitos estavam disponíveis para sua interpretação. Esse núcleo da experiência de mundo, no entanto, estava cercado por zonas de "necessidade" e "impossibilidade", dando-lhe o status de um campo (limitado) de contingência. "Necessários" eram os objetos da experiência para os quais uma e apenas uma interpretação ou conceito pareciam adequados; "impossíveis", em contraste, eram aqueles que poderíamos imaginar sem poder identificá-los com a realidade da vida humana. Enquanto isso, a necessidade e a impossibilidade entraram, metaforicamente falando, num processo de fusão e, devido a esse processo, nosso cotidiano está mudando de um campo para um universo de complexidade. Se a eternidade, entre outros produtos da imaginação humana, era um conceito que não se relacionava com os humanos (mas exclusivamente com divindades), hoje ela se tornou um ponto de fuga para a pesquisa e a prática médicas.

Sem dúvida ou hesitação, deveríamos considerar/apreciar a considerável conquista da liberdade que a transformação do cotidiano de um campo para um universo de contingência nos trouxe. Ao mesmo tempo, é óbvio que a complexidade dessa nova liberdade dentro de um presente amplo de simultaneidades – e, por outro lado, a falta de orientações obrigatórias – resulta em uma sobrecarga existencial, provavelmente ainda mais para pessoas altamente educadas do que para pessoas não educadas. A situação pode explicar por que a "síndrome do esgotamento" se espalhou tão rapidamente em uma população mundial que, em média, trabalha menos horas por semana ou por mês do que antes; também energiza o desejo por "líderes fortes" e uma relação para com eles baseada em "ressonância" (em vez de discussão e consenso), um desejo que nós, intelectuais, chamamos de "populista" e nos sentimos convocados a criticar; é a base de um novo anseio por comprometimento (a palavra alemã mais precisa é *Verbindlichkeit*) e precisão em nossa relação com o mundo, e não em direção a "realidades construídas" (i.e. um conceito favorito entre intelectuais ocidentais de meio século atrás); e, finalmente, o universo da contingência pode encontrar outra articulação em nosso sentimento de estar permanentemente envolvido em ataques de "mobilização geral intransitiva", ou seja, em movimentos que não apenas somam formas de trajetória, mas também ativam nossos corpos sem atribuir funções a eles.

Resumindo: graças ao retorno do corpo como uma dimensão de nossa autorreferência, a experiência estética tornou-se potencialmente onipresente no presente amplo, mas, diferentemente de ambiciosas fantasias anteriores, nós não sabemos o que realmente fazer com isso. Minha proposta e meu experimento de pensamento é conectar esse potencial e seus estados existenciais frequentemente torturantes (como a falta de orientação em um mundo de complexidade excessiva, esgotamento, mobilização intransitiva) com a experiência estética. Mais precisamente, quero ver se, dentro de uma nova concepção de "vida da literatura", podemos usar momentos de experiência estética para nos envolvermos com movimentos de intensidade e *bliss,* e se tais movimentos podem nos ajudar a encontrar sentimentos renovados de comprometimento, lugar, pertencimento, propósito existencial e comunidade. Vou me referir ao tecido dessa comunidade imaginária como "corpos místicos" – e questionar se tais "corpos místicos" podem substituir o *locus* que é ainda ocupado, de forma sistemática, pelo conceito de "política" (ainda que essa palavra, pelo menos na minha impressão, tenha perdido muito de sua antiga aura e glória). Surpreendentemente (ou não), a experiência estética cumpriria, então, funções sociais específicas semelhantes àquelas que o esporte assumiu nas últimas décadas, tanto para praticantes quanto para espectadores. Mas antes de escrever sobre "intensidade", "*bliss*" e "corpos místicos", precisamos revisitar (e redefinir) quatro noções e formas de comportamento que podem se conectar entre esses estados e momentos da experiência estética, ou seja, precisamos pensar por um momento sobre como, na vida da literatura, podemos passar da experiência estética para a intensidade e para a *bliss* através do "jogo", do "ritmo", da "imaginação" e da "epifania".

***

A partir do maravilhoso livro de Johan Huizinga sobre o *Homo ludens*, viemos generalizadamente a entender o "jogo" como um tipo de interação, fora da esfera da seriedade e do trabalho cotidianos, cujos participantes não têm motivações ou propósitos claramente circunscritos que orientem e moldem seu comportamento individual. Para que tais interações não entrem em entropia (ou violência), elas precisam substituir estruturas/formas cujas motivações normalmente alimentam o comportamento dos participantes. O que chamamos de "ritmos" são essas substituições potenciais, pois com essa palavra nos referimos a qualquer solução do problema de como um objeto temporal em sentido próprio pode ter uma forma. Objetos temporais em sentido próprio são todos os fenômenos que só podem existir em seu desdobrar temporal: a música, por exemplo, o discurso, ou qualquer gênero de jogo. Dado que, por outro lado, definimos "forma" como a co-presença paradoxal entre autorreferência e referência externa, torna-se claro que deixamos de reconhecer uma forma quando ela perde a estabilidade, começa a mudar e se torna um objeto temporal. Os ritmos resolvem o problema da incompatibilidade entre objetos formais e temporais, passando repetidamente pela mesma sequência de mudanças, o que significa que a estabilidade dessa sequência substitui a estabilidade original da forma – e essa é a razão pela qual eles podem dar forma(s) à temporalidade de um jogo.

Quando duas ou mais pessoas estão conectadas por meio de um ritmo, essa modalidade de conexão (baseada na repetição ao invés da inovação) diminuirá sua tensão de atenção, o que significa, entre outras consequências, que elas pararão de filtrar através de conceitos as imagens que surgem em suas mentes. Sob o impacto do ritmo, reagimos assim às imagens produzidas por nossa mente como se o que as imagens representassem estivessem fisicamente presentes. É por isso que dizemos que os ritmos parecem "evocar" pessoas ou objetos através dos textos. Produtos da "imaginação", como "substância de conteúdo" – como diz o filósofo da linguagem Louis Hjelmslev –, não têm (ou têm apenas em um sentido fraco) formas e contornos. Tais produtos parecem estar em movimento e, portanto, vivos. Como todos sabemos de nossos sonhos eróticos despertos, elas resultam em um impacto direto em nossos impulsos corporais porque ignoram o nível de conceitos que, de outra forma, estabelecem uma distância entre os objetos da mente e os impulsos corporais. Finalmente, sempre que as imagens aparecem repentinamente, quando elas têm o estatuto de eventos, podemos nos referir a elas como "epifanias", isto é, imagens da mente cujas aparências têm um impacto físico semelhante àquele dos objetos ou pessoas "reais" em nossos sentidos.

***

A esta altura, já deveria ter ficado claro porque usei a palavra "intuições" no título dessas reflexões. Estou tão longe de uma "teoria" completa sobre a nova "vida da literatura" que não posso nem mesmo garantir a adequação dos conceitos que tenho ensaiado, e vejo ainda menos como eles podem ser reunidos em um argumento mais ou menos completo. Mas achei que algumas das reações e posições em nosso seminário de 2018 em São Paulo foram encorajadoras o suficiente, e as considerei uma justificativa e desculpa para escrever minhas intuições ainda largamente incoerentes. Na melhor das hipóteses, elas podem provocar mais comentários e aglutinar uma concepção sobre vida da literatura hoje.

Agora, como a experiência estética mediada por textos pode desencadear intensidade sob condições de jogo, ritmo, imaginação e epifania? E ao que exatamente nós aludimos quando usamos a palavra "intensidade" (recentemente com frequência crescente, acredito eu)? Além de uma passagem em *Mil Platôs* de Gilles Deleuze e Félix Guattari, intriga que haja poucos pensamentos filosóficos sobre "intensidade". Deleuze e Guattari primeiro enfatizam, do ponto de vista semântico, a natureza quantitativa e, portanto, comparativa do conceito. Um "alto grau" de intensidade é normalmente considerado como "boa intensidade", independentemente de seu "conteúdo". Acima de tudo, porém, Deleuze e Guattari descrevem a intensidade como um "movimento" que leva de um estado entrópico (ou de contingência) a um estado no qual nada está aberto para escolha humana, um estado de não necessidade (falando metaforicamente: movimentos de intensidade estão sempre saindo da entropia para "buracos negros" em que nenhuma existência humana é possível).

Mas há uma afinidade óbvia entre o universo da contingência dentro do nosso presente amplo e a entropia enquanto ponto de partida para movimentos de intensidade. Quando ouvimos um poema, por exemplo, é decisivo que consigamos nos inserir e sermos capturados pelo movimento de sua prosódia como um movimento de intensidade. Mas também precisamos ser bem-sucedidos em nos afastarmos antes que o movimento se transforme em um automatismo (ou em frenesi) sem escolha, distância ou escape. Complementando o que Deleuze e Guattari disseram sobre intensidade, acredito que entre o nível de entropia e aquele do buraco negro deve haver um nível de formas. Formas a que podemos nos apegar, formas que nos dão orientação e um sentimento de comprometimento – antes que nos tornemos dependentes e viciados.

Ainda não tenho certeza se devo pensar "intensidade" e "*bliss*" como dois estados diferentes e alternativos a que uma experiência estética pode nos trazer ou se prefiro vê-los conectados de uma maneira estrutural e funcional. No último seminário que lecionei no campus de Stanford (no inverno de 2018), dedicado a "Literatura e *Bliss*", concordamos com a sugestão de um aluno de conceber "*bliss*" como o "sentimento de ser reconectado com nosso cordão umbilical ao cosmos" (de ter encontrado "nosso lugar natural no cosmos novamente") – e parece plausível assumir que os movimentos de intensidade podem levar a estados de *bliss* correspondentes a um nível de intensidade intermediário de formas, entre entropia e buracos negros.

Uma vez que estamos em estado de *bliss* (e esta certeza pode se perder a cada momento), temos a forte sensação de estar dentro de algo. O que experimentamos parece ser mais substância que forma. Curiosamente, a palavra sânscrita *Ananda* (para "*bliss*") tem uma conotação estável do "mel" como um fluido pesado. Em vez de produzir tal fluido, imaginamos que o bebemos em momentos de *bliss* – e, nesse ato, os efeitos de doçura e amargura são neutralizados. Sou, portanto, grato pela observação de Flora Süssekind sobre "epifanias negativas" e sobre a dor como uma possível substância de momentos de *bliss* (que associo com dor e alegria oscilando constantemente na poesia medieval de trovadores). Enfatizando o estatuto da imaginação como substância do conteúdo, poderíamos ir tão longe a ponto de dizer que a *bliss*, através da imaginação, nos abre para uma relação metabólica com o mundo, uma relação na qual o mundo parece se tornar substância e alimento para nossas vidas individuais (na qual inalamos e engolimos sentimentos, como escreve Flora, em vez de expressá-los).

A questão sobre se algum sentido ou qualquer forma de comunidade podem emergir de tais momentos de intensidade e *bliss* permanece. Quanto à intensidade, minha primeira impressão é que seus movimentos ocorrem na forma de processo individual. Aqueles que são competentes para se incluir e se afastar de tais movimentos de intensidade podem muito bem se considerar grupos de pessoas "iniciadas", pois podem começar e terminar o processo em conjunto – mas o processo, ele próprio, parece ocorrer em reclusão individual. A *bliss*, por sua vez, enquanto situação a qual a intensidade pode nos levar, parece pressupor, implicar e produzir uma dimensão social. Essa sociabilidade pode ser a forma de vida de um casal (e realmente falamos de "*bliss*/felicidade conjugal") e, mais frequentemente, a forma de um grupo de porte médio de pessoas que se inspiram mutuamente por sua co-presença física. Devido à co-presença física, sobretudo, a *bliss* difere daquelas formas de sociabilidade que, como meio, identificamos uma "solidariedade" de interesses, valores ou fobias compartilhados.

Uma de suas mais veneráveis descrições evoca o cristianismo como um "corpo místico", isto é, como uma comunidade que compartilha a eucaristia em uma presentificação da encarnação de Deus entre os humanos. Corpos místicos às vezes são capazes de "falar em línguas", eles podem encontrar formas comuns de comportamento que parecem coordenadas sem serem organizadas – mas não acredito que elas jamais inventariam ou buscariam "estratégias políticas". Em vez de "identidades" baseadas em todos os tipos de "características compartilhadas", corpos místicos são uma forma vivaz de "pertencer" – possivelmente o modo vivaz de pertencer que muitas vezes sentimos falta em nosso presente amplo. Se há algo de verdadeiro na minha intuição de que existe uma conexão entre a leitura de literatura e o tornar-se parte de um corpo místico, isso pode explicar o fascínio e a aura – recentemente recarregados – que cercam hoje novamente o conceito de "literatura".

Epifanias negativas

FLORA SÜSSEKIND

Três intervenções culturais divulgadas em 2019 – todas elas configurações diversas de exposição semelhante em campo minado, de iluminação sobre a hora presente do País – convidam a uma reflexão sobre a epifania negativa como recurso impositivo na experiência artística brasileira, sobretudo quando nela se deseja evidenciar o corpo material do mundo e o nexo social que a dimensiona.

Não são exemplos únicos, mas seu poder de síntese e sua força crítica os contrapõem à mística verde-amarela, ao autoritarismo religioso-moralista e ao toma lá dá cá ideológico que vêm sinalizando no sentido de construção metódica (mesmo se aparentemente bufa), no País, de um projeto cultural totalitarizante e sem dimensão autorreflexiva. Observe-se, então, em sentido oposto, como se articulam criticamente as iluminações presentes nos três exemplos iniciais dessa reflexão sobre a epifania.

A começar da intradução "humanimais", incluída em outubro de 2019 na página *Poetamenos* do Instagram. Augusto de Campos dialoga, aí, com e. e. cummings e com um "progresso sem alma", em meio a virtuais cifrões (que se justapõem aos /s/ do texto) e a um verde & amarelo constante, como, aliás, em diversos dos contrapoemas-de-intervenção divulgados por ele desde que se consolidou a virada autoritária no Brasil, pós-impeachment de Dilma Rousseff.

No caso de "humanimais", progressivamente se tende aí ao amarelo, como na multiplicação dos patos da FIESP e das camisas da seleção brasileira, marcas registradas das marchas e manifestações de extrema-direita. Em princípio restrita aos espaços gráficos no interior das letras, aos acentos, a um sinal de pontuação e a todas as letras /s/ do texto, a cor se espraia ao final da última linha. E invade significativamente, por inteiro, uma expressão lacunar, aquela com que se qualifica o "bando de humanimais" e com que se encerra a intradução – a expressão "sem alma".

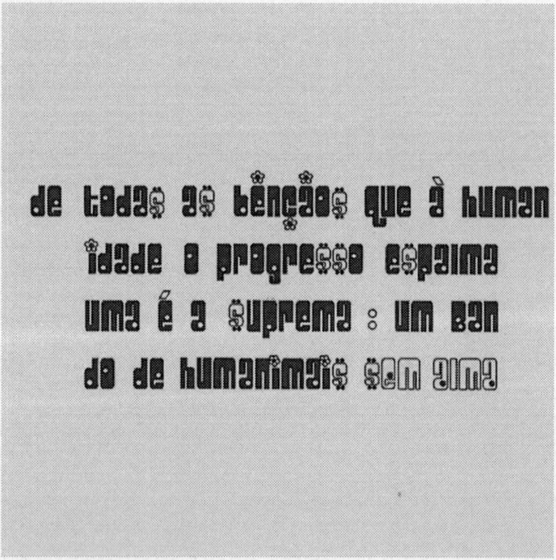

Humanimais

É no sentido de exposição semelhante dos pontos cegos da lógica político-econômica da virada autoritária brasileira dos últimos anos que se pode compreender igualmente a intromissão do díptico extraído da série *Eureka/Blindhotland*, por parte de Cildo Meireles, no caderno “Mercado”, da *Folha de S. Paulo*, em 10 de novembro de 2019.[1]

Esta inserção propositada em campo minado fez o díptico funcionar, nas páginas do jornal, à maneira das inserções em circuitos ideológicos realizadas pelo artista nos anos 1970. Como o *Projeto Coca-Cola*, no qual se imprimiam, em garrafas de refrigerante, desde o slogan político “Yankees go home” a instruções sobre como transformá-las em coquetéis molotov. Ou como o *Projeto Cédulas*, no qual se carimbava em notas (reinseridas, depois, em circulação) a pergunta “Quem matou Herzog?” – processo reativado, em 2017, perguntando-se agora “Quem matou Marielle?”.

Como ilustração às avessas, paginada bem ao lado de um misto (habitual) de matéria e texto promocional, neste caso sobre a empresa Magazine Luiza, o efeito silenciosamente irônico do díptico de Cildo na *Folha de S. Paulo* pode até ter passado despercebido para leitores mais distraídos, para os que não se preocupam em distinguir reportagem e propaganda. Para quem se deteve minimamente na página na qual houve a inserção, entretanto, o efeito crítico-demonstrativo operado, de dentro, sobre o caderno de economia, foi, ao contrário, devastador.

Aliás, o díptico imagético poderia ter funcionado como contraste a qualquer outra matéria do caderno de economia do jornal, significativamente intitulado de “Mercado” – expressão que sublinha a financeirização da vida econômica brasileira, mas que parece ter se convertido numa espécie de personagem alegórico onipresente na discussão política e na supressão de políticas públicas no País. Alocado propositadamente nessa seção do

1. Disponível em: *<https://acervo.folha.com.br/compartilhar.do?numero=48949&anchor=6134071&pd=f6867713f9c98b51ad4b73e59ab73141>*. Acesso em junho de 2022.

jornal por escolha do artista, o díptico de Cildo se opõe, na verdade, não apenas à matéria sobre o Magazine Luiza, mas a todo o caderno, a figura concreta, vergada, de um sem-teto, de um excluído desse "mercado".

A foto do sem-teto está colada à reprodução de uma das bolas que compõem a instalação que dá nome à série *Eureka/Blindhotland*, na qual as duzentas bolas de dimensão idêntica, nela empregadas, têm, no entanto, peso diferente. Contrariam, assim, tanto a sugestão de sinal de igualdade presente no ambiente da instalação e a aparente identidade das bolas quanto implodem, na reprodução no jornal, a lógica abstrata com a qual certa razão econômica age às cegas, *blindfolded*, diante da vida real.

O terceiro exemplo de iluminação por via negativa, extraído agora do campo teatral, é o *Macunaíma*, de Mário de Andrade, encenado por Bia Lessa, com a Companhia Barca dos Corações Partidos, que esteve em temporada no Rio de Janeiro até o início de novembro de 2019.

Nesse caso, a epifania – identificável em reclamações, por parte de alguns espectadores, de "falta de alegria" e de "escuridão" na montagem – talvez resida precisamente nisso, na intensidade desse desconforto. Como se quase um século depois da publicação do romance, e num contexto de ameaça ainda mais iminente ao meio ambiente e à sobrevivência das populações ameríndias e minoritárias do País, pudesse ficar escancaradamente evidente o caráter predominantemente noturno sobretudo da parte final do livro, na qual se vão sublinhando diversas dissoluções.

No que diz respeito ao espetáculo dirigido por Bia Lessa, a iluminação negativa se dá em um palco propositadamente tomado pelas sombras. O que, na imagem selecionada aqui, inclui, ao fundo, uma projeção imensa, e brevíssima, de uma figura-presságio recortada do cinema expressionista alemão. Dura muito pouco o teatro de sombras, mas não é difícil reconhecer nele a citação do vampiresco fotograma extraído do filme *Nosferatu*, de F. W. Murnau. Com a diferença de, no palco do Teatro Carlos Gomes, a cortina/tela estar às escuras, vislumbrando-se como iluminação exatamente o que, a rigor, seria sombra.

Espetáculo *Macunaíma*. Foto: Marília Soares Martins. Teatro Carlos Gomes, Rio de Janeiro, 10 nov. 2019

O protagonismo, em escala imensa, torna-se, nesse momento, o dessa figuração (iluminada) da sombra. Veem-se desaparecer, ainda, nesse último segmento da narrativa de Mário de Andrade (e de sua versão teatral), personagens e aparições míticas, assim como quaisquer esboços de paisagem, dissolução na qual se acha incluído o protagonista, que vai aos poucos perdendo o próprio corpo. Até restar em cena unicamente um imenso cartaz móvel com a frase final do romance-rapsódia – "Tem mais não".

Passo desses três exemplos recentes a algumas observações sobre a epifania negativa, sobretudo no âmbito da cultura literária brasileira, retomando, inicialmente, nesse sentido, uma reflexão realizada no Centro de Pesquisa e Formação do SESC, em São Paulo, em fins de setembro de 2018, antes ainda das eleições presidenciais brasileiras realizadas naquele ano. Para retornar, em seguida, a um conjunto de contrailuminações que, como essas, dialogam incisivamente na produção cultural brasileira, com o seu contexto de produção e com a sua hora histórica.

Bliss, Epifania, Intensidade

Volto, então, ao comentário sobre a via epifânica negativa apresentado por mim em pequeno colóquio sobre a "Vida da Literatura: corpos, tecnologias, felicidade?"[2] cujo ponto de partida foi uma palestra de Hans Ulrich Gumbrecht, na qual ele retomaria questões levantadas na última disciplina que ministrou na Universidade de Stanford antes de sua aposentadoria.

Focado na investigação de uma possível relação constitutiva entre literatura e *bliss*, Gumbrecht procurou desenvolver, então, uma compreensão de *Bliss* além de um fenômeno ligado à vida individual, à leitura privada, buscando a dimensão social dessa experiência de "felicidade". Ao lado, então, da circunscrição histórica das noções de literatura e experiência estética, movimento inicial do estudo apresentado por ele no SESC-SP, ele sublinhou o potencial de certos textos e situações para a palpabilidade, a presença, para uma percepção intensificada do corpo, do espaço, do mundo material.

Diante do aspecto, por um lado, estritamente particular (enquanto fenômeno da existência individual) e do desejo, por outro lado, de uma dimensão social compartilhada, ambos presentes na ideia de *Bliss*, a pergunta que

2. Colóquio do qual participamos Hans Ulrich Gumbrecht, Guilherme Foscolo, Alex Martoni e eu. Além de Nicolau Spadoni, que na época foi, da plateia, um interlocutor fundamental de todas as reflexões nele apresentadas.

se imporia, a partir da reflexão exposta por Gumbrecht, seria basicamente a seguinte: podem emergir formas de comunidade, de conexão social, a partir dos momentos de intensidade, imersão e felicidade/êxtase que, em dimensão existencial, o momento presente parece exigir da experiência literária?

Na conversa que se seguiu à apresentação inicial de Gumbrecht, cada participante do colóquio adotou uma via particular de abordagem: Alex Martoni procurou compreender a noção de "vida da literatura" a partir de um oposto, a morte da arte; Nicolau Spadani, tematizando o futebol, voltou-se para a noção radical de contingência que caracterizaria a experiência mesma do jogo; e Guilherme Foscolo focalizou o seu comentário em corpos híbridos (máquina/organismo), na *tecnopoiesis* e na "vida das tecnologias".

Quanto a mim, desde que tomei conhecimento do tema escolhido para a nossa discussão, e da referência (já no título do colóquio) a "felicidade", houve algum desconforto com algo que se afigurava quase inimaginável num contexto como o brasileiro pós-impeachment – sobretudo vivendo-se, naquele momento, um processo eleitoral que apontava nitidamente para uma crescente fascistização do País. Imaginei, então, desdobrar meu comentário como uma espécie de avesso da questão sugerida por Gumbrecht, investigando a dor (individual/coletiva) imbricada a essa felicidade/êxtase potencialmente presente na experiência da literatura e da arte. Não esquecendo, é claro, que um ponto de interrogação, acrescido à expressão "felicidade", no título da nossa mesa de discussão, já a impunha como questão a ser investigada, e não propriamente como resposta acolhida de antemão.

Ao pensar a noção de *Bliss*, Gumbrecht a distingue simultaneamente de intensidade, que, a seu ver, se manifestaria em processos individuais, e de epifania, à qual faltaria, a seu ver, consistência, espessura, viscosidade. Lembrando-se, no entanto, que, em texto de 2006 sobre "A presença realizada na linguagem", Gumbrecht chamara a atenção para a epifania – enquanto aparecimento de algo que requer espaço, que está tanto ausente quanto presente – exatamente como "modo quase intrusivo de produzir presença na e pela linguagem".

Na sensação de *Bliss*, no entanto, observa que se poderia vislumbrar "dimensão social", pois, enquanto "dimensão da vida", se caracterizaria pela materialidade, pelo contato, pela substância (e não pela forma), aproximando-se, desse ponto de vista, do êxtase místico e da expressão sânscrita *Ananda*, que sugere exatamente a palpabilidade e o gosto de um fluido espesso, de uma espécie de mel. Além disso, haveria uma positividade característica à própria ideia de *Bliss*, à abordagem da experiência arrebatada de um estado de êxtase, durante o qual a pessoa teria a forte sensação de fazer parte, de estar dentro, de estar imersa, de inalar, de engolir.

Partindo de algumas situações específicas, no âmbito da cultura literária brasileira, nas quais iluminações e momentos de felicidade/êxtase se acham ligados, ao contrário, a uma forte negatividade, por vezes mesmo à dor, ao nojo, procurei me contrapor, então, em alguns aspectos, a uma versão mais nutriente, vital e positiva de *Bliss*, guardando, no entanto, seu aspecto corporal viscoso, temporário, seu trânsito entre percepção e experiência e sua vulnerabilidade.

Antes de enveredar pelas epifanias negativas, talvez caiba conectar as considerações de Gumbrecht sobre literatura e *bliss* ao estudo de Leo Spitzer sobre poesia e êxtase e ao ensaio de Roland Barthes sobre o prazer do texto. Desdobrando, desse modo, o campo nocional ligado à *bliss* por meio da tematização spitzeriana do êxtase em John Donne, San Juan de la Cruz e Richard Wagner, e da oposição barthesiana entre *plaisir* e *jouissance* (*pleasure/bliss*; prazer/gozo). E, fundamental quando se pensa na própria hipótese de um "gozo social", focando-se igualmente na ressonância pública da lubricidade opressivo-expiatória da ação policial e de organizações policiais clandestinas, tematizada em texto de Hélio Oiticica – "O herói anti-herói e o anti-herói anônimo", datado de 23 de março de 1968.

Oiticica, nesse texto, aponta, como se sabe, para as então recentes perseguições sacrificiais a alguns "inimigos públicos n. 1" pinçados pela grande imprensa e pelo aparato repressivo do governo estadual de Carlos Lacerda no Rio de Janeiro. Entre eles, "Mineirinho" (do Morro da Mangueira), "Micuçu" (do Morro da Babilônia) e "Cara de Cavalo" (da Favela do Esqueleto).

O primeiro deles seria tema de crônica-réquiem publicada por Clarice Lispector na *Revista Senhor* em 1962, a perseguição ao segundo seria registrada em "O ladrão da Babilônia", poema de Elizabeth Bishop, publicado em 1965, e o último receberia homenagem por parte de Hélio Oiticica, em maio de 1966, no *Bólide-caixa nº18 – B33*, onde se vê a reprodução de foto jornalística do corpo de Cara de Cavalo, morto com mais de cem tiros de metralhadora, acompanhada da inscrição: "Aqui está e ficará! Contemplai seu silêncio heroico".

Em todos esses registros ecoaria a questão de certo gozo social com essas mortes e do que autorizaria coletivamente tamanha violência. "Enquanto isso dormimos e falsamente nos salvamos", lembraria Clarice Lispector. Nesse caso é preciso investigar de que segmentos sociais e de que lubricidade se trata nessa adesão grupal a formas diversas de linchamento, e qual a possibilidade de outra resposta, dotada de força autorrevelatória, epifânica, e talvez de um gozo outro, marcado pela recusa ao extermínio, e à homogeneização, como sugere também

Clarice em sua crônica: "Porque eu quero ser o outro". E qual a possibilidade de esse gozo outro – ele sim – se mostrar capaz de ampliar coletivamente a experiência da literatura e da arte.

Spitzer, Barthes, Oiticica

Via Leo Spitzer, em "Três poemas sobre o êxtase",[3] retornemos, então, ao campo nocional da intensidade e do êxtase, tendo em mente, porém, o nexo contrastivo estrutural com a lubricidade persecutório-policial e o gozo socialmente opressivo de que fala Hélio Oiticica em "O herói anti-herói e o anti-herói anônimo". E de que é particularmente exemplar o Brasil do período Lava-Jato e pós-Lava-Jato, dos linchamentos midiático-digitais, das operações policiais virulentas nas diversas periferias urbanas, dos grupos armados que atuam em territórios indígenas e que, em diversas regiões do País, procuram inviabilizar formas de posse e cultivo coletivo da terra. É antagonicamente a esse campo extático-persecutório que se recorta aqui uma série de epifanias negativas com potencial autorrevelatório transformador – como o daquelas (recentes) de Augusto de Campos, Cildo Meireles e Bia Lessa, que introduziram essa reflexão.

No tríptico ensaístico spitzeriano, o fundamental é a perspectiva comparativa. Pois se o que se observa são formas de tematização e configuração poética do êxtase, da "união do eu humano com algo que lhe é exterior", e se cada segmento analítico empreende uma consideração cerrada de obra particular, é para um campo contrastivo que apontam. Um campo no qual se distinguem a união mística de duas almas que se tornam uma, a alegoria atemporal, em Donne, a experiência espiritual que, em

3. Leo Spitzer, *Três poemas sobre o êxtase: John Donne, San Juan de La Cruz, Richard Wagner*. Trad. Samuel Titan. São Paulo: Cosac e Naify, 2003.

San Juan de la Cruz, se torna "demanda aventurosa", guiada pela noite, pela "força da carne e do tempo", e o dinamismo da dissolução, da auto-aniquilação, o êxtase da morte, de *Tristão e Isolda* de Wagner.

Com relação ao jogo barthesiano entre *plaisir/jouissance* (*pleasure/bliss* e prazer/fruição ou prazer/gozo), interessa pensar aqui na hesitação, no convite constante à outra expressão, num regime de variação potencial. Não à toa, na reflexão proposta por Gumbrecht, a escolha da expressão *Bliss* se faz acompanhar de constantes incursões por outras possíveis, próximas e diversas – intensidade, epifania, Ananda. Não à toa essa "margem de indecisão" estará presente também nas iluminações negativas que se impõem à experiência literária brasileira.

Logo no começo do ensaio de Barthes, avisa-se: "Prazer/fruição: terminologicamente, isto ainda vacila, tropeço, atrapalho-me. De qualquer maneira, haverá sempre uma margem de indecisão, a distinção não dará origem a classificações certas, o paradigma rangerá, o sentido será precário, revogável, reversível, o discurso será incompleto".[4] Uma indecisão que, na tradução de Jacó Guinsburg para o português, ganharia reforço suplementar, como se pode observar na justificativa para a sua escolha da expressão "fruição", em nota na qual, entretanto, desfia propositadamente uma lista relativamente longa de quase sinônimos – gozo/prazer físico/fruição/posse/usufruto):

> Alguns críticos têm considerado que a melhor tradução de *jouissance* para o português seria gozo, uma vez que esta palavra daria, de um modo mais explícito, o sentido do prazer físico contido no termo original. De nossa parte, acreditamos que a palavra fruição, embora algo mais delicada, encerra a mesma acepção – "gozo, posse, usufruto" –, com a vantagem

4. Roland Barthes, O *prazer do texto*. Trad. J. Guinsburg. São Paulo: Perspectiva, 2006, p. 8.

de reproduzir poeticamente o movimento fonético do original francês. Em todo caso fica para o leitor o prazer que pretenda desfrutar nesta leitura.[5]

Na tradução de Richard Miller para o inglês de *O Prazer do Texto*, publicada pela editora Farrar, Straus and Giroux em 1975, dúvida semelhante se apresentaria, e a solução encontrada para traduzir *jouissance* – "*bliss*" – receberia um comentário elogioso em nota introdutória de Richard Howard. Não sem a observação de que, na verdade, uma expressão mais crua – "*coming*" – seria evidentemente mais precisa. Como seria, em português, a tradução de *jouissance* por gozo.

"O conto *Bliss* anotado"

No rastro dessas hesitações, e tendo em mente as considerações de Gumbrecht sobre *Bliss*, é inevitável, para quem se volta para a literatura brasileira contemporânea, ao refletir sobre uma conceituação para *Bliss*, pensar quase de imediato em Ana Cristina Cesar. Em particular, em "O conto '*Bliss*' anotado",[6] sobre o conto de Katherine Mansfield, incluindo toda a discussão da poeta de questões referentes a essa tradução, sintetizada em oitenta notas explicativas.

A expressão *Bliss* ocupa aí um lugar curioso, um lugar que Ana não resolveu de todo – pois se ela traduziu a expressão por êxtase (ao contrário da tradução anterior, de Érico Veríssimo, que, em 1940, optara por "felicidade"),[7] mas, se escolhe determinada fórmula em português, deixa, igualmente, a palavra em inglês, optando, assim, por uma não substituição ao fazer a tradução.

5. Ibid.
6. Ver Ana Cristina Cesar, *Crítica e Tradução*. São Paulo: Companhia das Letras, 2016.
7. Katherine Mansfield, *Felicidade (& Outros Contos)*. Trad. Érico Veríssimo. Porto Alegre: Livraria do Globo, 1940.

Sobre essa escolha, a tradutora comentaria:

> A tradução do título merece atenção especial. Não existe equivalente para *bliss*, em português. Nos dicionários há palavras com sentido aproximado: felicidade, alegria, satisfação, contentamento, bem-aventurança etc. Decidi usar a palavra êxtase, porque ela exprime uma emoção que, ou ultrapassa a palavra felicidade – ou é mais forte do que ela.

E há um outro lado, que não se limita a essa dificuldade de uma tradução literal, e que diz respeito a aspecto fundamental do conto de Katherine Mansfield, e parece explicar muito do interesse dele para a própria Ana, que é o fato de ser dolorosa essa *Bliss*. De a um momento intenso, a uma sensação de euforia, de quase êxtase, logo se seguir uma decepção, um abismo, e a pessoa que se sentia momentaneamente no auge de si, cai, cai irremediavelmente, e vê esse estado de arrebatamento desaparecer por completo.

Há a tensão entre arrebatamento e dor, e há a dimensão física desses picos de êxtase, o que se sublinha diversas vezes no conto. Há os corpos que se encostam, há a proximidade deleitosa dos corpos das duas mulheres: "O que é que havia no contato com aquele braço que atiçava – incendiava – incendiava – o fogo do êxtase que Bertha não sabia como exprimir – e o que fazer daquilo?".

E há o jardim, e uma dimensão sensorial muito forte ao longo de todo o texto, algo que se percebe ter interessado à tradutora como possibilidade de pensar o corpo e a sensibilidade feminina na literatura, assim como as relações de afeto intenso, e extremos quase inenarráveis. De que seria exemplar a construção imagética realizada por ela – via mirante, luz e simultaneidade – em poema já bastante estudado como o que transcrevo a seguir:

A luz se rompe.
Chegamos ao mesmo tempo ao mirante
onde a luz se rompe.
Simultaneamente dizemos qualquer
coisa.
Então dou pique curva
abaixo, volto e brilho.
Mirante extremo onde se goza.

O texto é basicamente uma descrição autoexplicativa da experiência de *bliss*. E sem a necessidade de um "como se", tal como se vê no relato de Mansfield, quando descreve a sensação de Bertha Young, como se ela "tivesse de repente engolido o sol do fim da tarde e ele queimasse dentro do peito". Trata-se aí de uma descrição do estado extático e, no entanto, é como se essa descrição fosse impossível, daí o "como se". No poema de Ana não há "como se" – há o mirante, a luz, há apenas a positividade do arrebatamento, sem dor, mas com uma indicação clara da violência que habita esse êxtase.

Uma violência que Ana Cristina aprenderia a detectar nesses estados de arrebatamento graças à sua astuciosa leitura tanto de Christopher Isherwood quanto de alguns comentários dele, transcritos por seu biógrafo Paul Piazza em *Christopher Isherwood, Myth and Anti-Myth*,[8] ou de comentários do próprio Piazza a respeito sobretudo da novela "Um Homem só".

Em Isherwood ela encontraria referendada não apenas a noção de êxtase associada a *bliss*, mas aprenderia que não se usava tanto assim a expressão *Bliss* em inglês. E que, quando usada, esta expressão em geral se achava ligada ao campo das relações homossexuais, nas quais a intensidade da transgressão seria de tal ordem que, além

8. Paul Piazza, *Christopher Isherwood: Myth and Anti-Myth*. New York: Columbia University Press, 1978.

de simplesmente uma felicidade agradável, prazerosa, precisava-se da ideia de *Bliss* para sublinhar uma intensidade outra, com outro grau de violência e gozo.

Diz Ana, seguindo Isherwood:

> Uma citação interessante de C. Isherwood estabelece a diferença entre *bliss* (êxtase) e *plain happiness* (felicidade). O narrador passa a ter a sensação de que o termo felicidade está mais relacionado com relações heterossexuais, enquanto êxtase, que é mais violento e "sensacional" e não apenas uma sensação de felicidade, é aquilo que uma pessoa busca em relações homossexuais (alguma coisa que não é propriamente deste mundo?).

A leitura de Isherwood faria com que se erotizasse o seu próprio trabalho de tradução – ela passa a construir, nas notas, uma erótica da tradução – e isso a impede, evidentemente, de manter a expressão felicidade, como fez Érico Veríssimo, pois faltaria à palavra a designação de um estado de violência em que se sai de si ou em que se absorve algo de um outro. É como se a felicidade se guardasse para dentro e o êxtase tivesse um intenso movimento de exteriorização, o que em parte se relaciona ao comentário de Gumbrecht sobre certa sociabilidade (mesmo que imaginária) ligada a estados de *Bliss*.

Voltando à ficção de Katherine Mansfield, ao lado desses momentos extáticos em que o movimento narrativo ganha viscosidade e inenarrabilidade, talvez caiba observar como há, igualmente, em seu método literário, um gosto peculiar pelos momentos epifânicos, quando se constitui uma condensação imagética (e de intensidade) e quando se rompe o fluxo do relato. E, em seu lugar, emergem imagens insólitas, iluminações, até que volte a narração, mas já com dimensão distinta, resultante dessas paradas, dessas quebras por via figural no interior do conto.

O curioso é como, com muita frequência, esse movimento de condensação figural e interrupção momentânea do fluxo do relato se faz acompanhar de alguma negatividade, pois esse excesso, esse êxtase, é simultaneamente um êxtase da dor, não é feliz, é um excesso também de dor.

Nesse aspecto, cabe lembrar um texto de Mansfield muito conhecido, "The Fly",[9] em que se descreve uma mosca que, afogando-se dentro de um tinteiro, é deixada ali até o final, quando a retiram e ela agoniza e morre. O que, na verdade, funciona como sugestão de certa crueldade ligada ao processo de escrita, e essa agonia, no interior do conto, é também uma epifania sobre o processo de escrita, uma epifania negativa.

Se na tradução e nos ecos mansfieldianos presentes na escrita de Ana Cristina Cesar, assim como em sua tematização de *Bliss*, a dominância vai estar na observação das flutuações de tom, nos momentos de arrebatamento e no componente de dor que os habita, em Clarice Lispector não é difícil perceber certo rastro de suas epifanias, sobretudo talvez daquelas com maior fisicalidade e com dimensão negativa.

Instante-já

Mesmo concordando com João Camillo Pena quando, em "O nu de Clarice Lispector",[10] sublinha a transformação do momento epifânico em chave-mestra explicativa de toda a sua obra, e em um dos maiores lugares-comuns da crítica clariciana, não deixa de ser significativo o modo próprio de apropriação da epifania em sua ficção, numa espécie de trânsito entre revelação e nojo, entre imaginário e vida comum, antibliss e, no entanto, cheia da viscosidade, da corporalidade e do potencial vital dos estados de *bliss*.

9. O conto, de 1922, pode ser lido online em <*http://www.inlex.org/stories/mansfield/the-fly.html*>.
10. João Camillo Penna, "O nu de Clarice Lispector". In: *Alea* [online]. 2010, v. 12, n. 1, pp. 68-96.

Nesse sentido se faz presente de modo significativo a interlocução com a obra de Katherine Mansfield. É sabida a importância da leitura de seu diário e de seus contos para Clarice Lispector. Ela mesma a destacou em entrevistas e conversas com amigos. Vilma Areas, em "Mistério desentranhado", estudo incluído em Clarice Lispector, com a ponta dos dedos[11] (2005), sublinhou afinidades e diferenças entre as duas escritoras, e o diálogo decisivo de Clarice com a ficção da escritora neozelandesa na composição de contos como "Mensagem" e "Mistério em São Cristóvão".

Pensando na zona conceitual que abriga a noção de *bliss*, da qual aproximamos momentos de iluminação e intervenções epifânicas, mas em relação à qual, pensando na literatura brasileira, parece fundamental a configuração negativa, sobretudo como via de trânsito entre a escrita individual e o peso do mundo, cabe rever as noções de instante-já, de Clarice Lispector, e de alumbramento, em Manuel Bandeira.

Os comentários de Clarice, presentes em *Água viva,*[12] sobre a busca da "quarta dimensão do instante-já", da "matéria sensibilizada pelo arrepio dos instantes", sobre os "instantes de metamorfose" e a "terrível beleza" de "sua sequência e concomitância", parecem encapsulados em metro epifânico convencional. No entanto basta observar como é por meio do nojo, da consciência repentina de alteridade, da tensão em relação ao próprio lugar social que se constroem algumas de suas iluminações ficcionalmente mais relevantes. Elas parecem bem distantes de certa inefabilidade que costuma caracterizar o uso literário das epifanias, o seu metro é outro. Como contra-iluminações que operam tais epifanias.

11. Vilma Areas, *Clarice Lispector, com a ponta dos dedos*. São Paulo: Companhia das Letras, 2005.
12. Clarice Lispector, *Água Viva*. Rio de Janeiro, Rocco, 2009.

É o que se observa num conto como "Amor",[13] em geral tomado como prototípico do epifânico em Clarice. A visão do "homem cego mascando chicletes" pela personagem Ana não se mantém, todavia, no âmbito circunscrito da revelação, pois é como se este homem, em sua mastigação constante, parecesse insultá-la e, ao mesmo tempo, sufocá-la de piedade e náusea. O que se apresenta aos olhos vai tomando todo o corpo e a percepção do mundo se intensifica, convertendo-se em sofreguidão, arrepio, enquanto o mundo se expõe, simultaneamente, em sua crueza.

Algo semelhante ocorre, como se sabe, em *A paixão segundo GH*.[14] Há os cheiros, o estranhamento diante do quarto de empregada, e há uma quebra de limites e a incorporação alimentar do corpo radicalmente outro do inseto. Aí, se a viscosidade fundamenta o arrebatamento ao avesso de GH, não se trata evidentemente de nada semelhante ao "mel" evocado por Gumbrecht em sua fala inicial no colóquio do SESC. Pois se está no domínio do nojo, da náusea. Do mel, nessa gosma que sai da barata, guarda-se, no entanto, fluidez, espessura, possibilidade de deglutição.

Nesse sentido se pode pensar em *A Paixão Segundo G.H.* como a construção de um momento de *bliss* e de êxtase de fato, além do simplesmente epifânico, pois há o contato com essa gosma, essa gosma de barata que, na verdade, expõe um processo de conhecimento do outro, deste outro pobre, daquele quarto de empregada. O momento de *bliss*, a epifania como contradição, como negação, revelação dos limites do seu mundo, do seu lugar de classe e raça, funcionando, nesse caso, como percurso em direção a um fora de si, semelhante ao invocado pela escritora na crônica sobre Mineirinho.

13. Clarice Lispector, *Laços de Família*. Rio de Janeiro: Rocco, 1998.
14. Clarice Lispector, *A Paixão Segundo G.H.* Rio de Janeiro: Rocco, 2009.

Pois essas epifanias negativas, que roçam a sensação de *bliss*, costumam envolver a hipótese de o sujeito sair de si em direção a um outro que, no entanto, o define. Em Clarice esse processo envolve explicitamente o corpo, a mastigação (como em "Amor") e um deglutir, um comer, como em *A Paixão segundo GH*. Trata-se literalmente de um provar do outro, comer o outro, de um "querer ser o outro". O oposto sensível ao "discurso do eles"[15] (tematizado por Luiz Eduardo Soares em *O Brasil e seu duplo*), discurso no qual alteridade e extermínio costumam se conjugar, como se assiste no Brasil, com relação às populações ameríndias e periféricas, às mulheres, aos pobres, pretos e LGBTQ.

Alumbramento

Há, em Manuel Bandeira, movimento semelhante em direção à vida ordinária, ao outro, não apenas em sua compreensão de "alumbramento", mas em alguns de seus avessos epifânicos. Em "A beleza humilde e áspera", Davi Arrigucci[16] sintetizaria, da seguinte maneira, a noção de alumbramento em Bandeira:

> No quadro de irradiação da arte moderna no Brasil, e em especial no momento modernista [...], Bandeira revela desde logo as antenas sutis que possuía e fora afinando para captar uma poesia difusa no mundo das pequenas coisas do dia a dia, recolhendo elementos de contextos diversos, que ele aprendeu a considerar, aproximando-se do que até então não era tido por poético. Poesia que se podia dar inesperadamente, num súbito alumbramento, como chamou a esse instante de inspiração ou iluminação: eclosão de uma emoção elevada, que podia manifestar-se em raros momentos em qualquer parte, exigindo sempre do poeta uma atitude de apaixonada escuta.

15. Luiz Eduardo Soares, *O Brasil e seu duplo*. São Paulo: Todavia, 2019.
16. Davi Arrigucci Jr., *O cacto e as ruínas: a poesia entre outras artes*. São Paulo: Duas Cidades; Ed. 34, 2000.

Mas se os instantes de iluminação e revelação, de que é exemplar a visão da mulher nua no poema "Alumbramento", envolvem, em geral, a escuta e a afirmação poética de alguns "pequenos nadas" da vida comum, há, por outro lado, em Bandeira,[17] alumbramentos de outra ordem. Se, em "Alumbramento", há uma positividade violentíssima na visão desse corpo nu – "Eu vi os céus! Eu vi os céus!", "Eu vi-a nua" –, algo diverso ocorreria num poema como "O Bicho", de 1947, por exemplo. Um poema do qual parecem se aproximar, talvez não involuntariamente, as fotos dos sem-teto incorporadas por Cildo Meireles em *Eureka/Blindhotland*.

Vale, nesse aspecto, lembrar o poema, que conhecemos bem, de Bandeira, e no qual ecoavam e ecoam desigualdades estruturais do País:

> Vi ontem um bicho
> Na imundície do pátio
> Catando comida entre os detritos.
> Quando achava alguma coisa,
> Não examinava nem cheirava:
> Engolia com voracidade.
> O bicho não era um cão,
> Não era um gato,
> Não era um rato.
> O bicho, meu Deus, era um homem.

Assiste-se, no poema, a um alumbramento negativo, a um processo interno de autocorreção da percepção, no qual a própria definição de humano se modifica, no qual, ao mesmo tempo que se empresta alguma duração a um instante de iluminação, se expande o seu alcance e a sua dimensão crítica. Ao universo íntimo, a partir do qual se observa o pátio, se impõem a miséria e a fome de um outro ao qual se hesita em chamar de homem, porque a ele faltam as condições mínimas de subsistência.

17. Manuel Bandeira, *Poesia completa e Prosa*. 5. ed. Rio de Janeiro: Nova Aguilar: 2009.

E, no entanto, o movimento fundamental do poema é exatamente a afirmação dessa humanidade, é a própria redefinição de homem em função desse outro que se vê aí quase sem querer.

O retorno a Clarice e a Bandeira poderia se fazer acompanhar de outras, muitas outras iluminações negativas que se sucedem da literatura brasileira moderna e contemporânea. Como é o caso de um poema como "A Máquina do Mundo", de Drummond, da exposição crua do nexo econômico das desigualdades brasileiras em *O Rei da Vela*, ou da epifania dolorosa que marca a visão da nudez feminina do jagunço Reinaldo/Diadorim, depois de morto, em *Grande Sertão: Veredas*, de Guimarães Rosa. Mas talvez se possam tomar esses poucos exemplos aqui referidos como paradigmáticos do sinal negativo que as epifanias características da literatura moderna vão assumindo na cultura literária brasileira moderna e contemporânea. Em processos de condensação e conscientização que se apresentam como iluminações nas quais a visualização do mundo se dá não como aceitação, comunhão, positividade, mas como materialização de experiência autorrevelatória à qual se acha acoplada violenta negação.

Se voltarmos ao trabalho de Bia Lessa, desta vez não em Macunaíma, mas na encenação de *Grande Sertão: Veredas*, realizada em 2017, e ao momento em que Riobaldo vê Diadorim morta, vê esse corpo feminino pela primeira vez, é significativo que esse alumbramento negativo tenha sido um dos principais objetos de discussão do período de ensaios. A dúvida à época era se a exposição do corpo físico, do corpo nu, não seria talvez óbvia demais, já que se conhecia o final do romance, já que os leitores/espectadores sabiam que Reinaldo era Diadorim.

Bia Lessa pensou, então, em pedaços de uma imagem fotográfica do corpo nu da atriz, mas recortado e colado ou reproduzido em suporte bidimensional propositadamente precário, pouco nítido. Essa visão permaneceu presente no espetáculo, mas a força negativa da visão de Diadorim nua por Riobaldo se imporia como presença material, e exigiria dimensão corporal. Por isso a atriz passou a se manter presente nos momentos finais da peça. A visão daquele corpo sujo, morto, nu, aquele alumbramento negativo, parecendo pulsar em meio ao grande amontoado de corpos de feltro e à roupa escura compartilhada por todo o grupo de atores.

Pois essas situações de alumbramento, essas epifanias negativas, de alguma forma, impõem, como já se observou, uma fisicalidade, uma intrusão, em geral proporcionais ao seu potencial de revelação e transformação da percepção, à exposição da consistência viscosa, dura, de experiência gozosa/dolorosa do mundo. E se via "subitaneidade", via irrupção do que seria externo, se intensificam essas manifestações, a fisicalidade que as acompanha sublinha virtual desindividualização, via consciência da presença do mundo, pois é esse mundo físico, são os corpos e coisas que assim se impõem. Inclusive na visão do corpo morto nu de Reinaldo/Diadorim, do corpo morto, na rua, de Arandir em *O beijo no asfalto*, de Nelson Rodrigues, do boi morto de Bandeira, do cachorro morto de Miguel Rio Branco, do "Monólogo para um cachorro morto", de Nuno Ramos. Ou, ao contrário, no movimento vibrátil, frágil, mas ainda vivo, do inseto preso na zona de luz, em "A Bruxa", de Drummond, da varejeira em torno do lixo, no poema de Carlito Azevedo, do homem em condições desumanas, em "O Bicho", de Bandeira.

Essa via negativa da epifania se tornaria característica da literatura que viria depois do modernismo, depois de consolidada em Bandeira, Mário de Andrade, Clarice. Mas parece se impor com particular virulência em contextos distópicos como o que se impôs ao cotidiano brasileiro pós-impeachment de Dilma Rousseff. Basta pensarmos também, nesse sentido, durante as décadas de autoritarismo militar, na força revelatória de uma poesia como a de Francisco Alvim e em sua exposição, em pequenos recortes, dos nexos sociais (em geral inexplícitos) que sustentavam e sustentam o conservadorismo brasileiro. Ou, exemplo paradigmático, no imenso formigueiro localizado bem no centro geográfico do País em *Quarup*, de Antonio Callado, figuração epifânico-distópica revisitada por Kleber Mendonça Filho no final do filme *Aquarius*, agora em diálogo com a dissolução antidemocrática da hora presente.

Não à toa, aliás, processo feroz e doloroso de iluminação ganharia belo esforço de conceituação, por parte de Ana Cristina Cesar, via tradução de "Bliss", de Katherine Mansfield, exatamente nos últimos anos da ditadura militar brasileira. Nesse sentido, vale a pena voltar a poema que comentei, no *Suplemento Pernambuco*, em texto sobre o ano de 2016, que me parece ter cumprido função talvez semelhante com relação ao Brasil dos últimos anos.

Presságio

Trata-se de um poema de Angélica Freitas,[18] divulgado originalmente sem título, e marcado sobretudo pela data, 14 de maio de 2016. Volto a descrevê-lo três anos depois. Nele alguém vê televisão e assiste à polícia batendo em manifestantes, ouve bombas de gás explodindo, até que, em determinado momento, vai fazer comida e acaba percebendo que as bombas explodem ao seu lado, que os cavalos estão perto, bem perto – "o barulho de bomba é ali fora/ e a polícia parte pra cima dos teus afetos/ munida de espadas, sobre cavalos".

18. Disponível em: <*http://revistamododeusar.blogspot.com/2016/06/poema-recente-de--angelica-freitas.html*>. Acesso em: 1º jun. 2022.

Registro importantíssimo do Brasil pós-impeachment, o poema, como procurei comentar em 2016, é em parte um diálogo com foto de Caco Argemi divulgada pelo jornal *Zero Hora* naquele dia 14 de maio, exibindo a polícia montada, os cavalos, indo para cima dos professores, dos funcionários públicos de Porto Alegre.

Trata-se, igualmente, aí de configuração – meio em câmera lenta – de uma epifania negativa. Não apenas para o sujeito do poema, mas para quem percebia então o que estava acontecendo no Brasil – pois alguns custaram a perceber (e continuam não percebendo) a intensidade do que estava acontecendo. Por isso o texto é quase uma descrição de fora, até o momento em que o mundo entra não pela televisão, mas entra sensorialmente no âmbito daquele mundo privado e o poema muda de direção.

Pensando na rapidez com que se impuseram um projeto de dissolução das instituições democráticas, um silêncio na grande mídia sobre o nexo econômico dessa fascistização progressiva, além de indisfarçável militarização de todos os órgãos públicos, acompanhada da ampliação da virulência letal das polícias (que se desejam dotadas de excludente de ilicitude para as mortes em ação), talvez a negatividade exposta no poema de 2016 de Angélica Freitas deva ser vista, três anos depois, como da ordem não do presságio, mas do espanto com o que já estava lá.

Espantos do dia

Nesse sentido, talvez caiba voltar também a dois poetas presentes, como Angélica Freitas, no texto escrito para o *Suplemento Pernambuco* em dezembro 2016. E cujo diálogo com os avessos epifânicos, se metódico – não ocasional –, em seu processo de composição, se caracteriza, igualmente, pela precisão com que expõe a observação temporal, com que registra o presente.

"A Maldição de Adão", de Carlito Azevedo, poema recente (que, segundo o poeta, talvez troque de nome, talvez seja apenas parte de poema mais longo) parece se encaminhar nessa direção. Nele, o poeta, que trabalha regularmente com a construção de contrailuminações, dialoga com outras de suas epifanias negativas.

Se, em "Livro do cão",[19] de 2016, por exemplo, o poema-percurso, a busca pelo autor são narrados por um cachorro agônico, agora o texto se constrói da perspectiva de um sujeito-em-fuga, que vê o mundo nessa fuga. A extensão do poema ampliava o próprio processo de agonia, em "Livro do cão" – quase como, no conto de Katherine Mansfield, o foco na morte da mosca se afogando no tinteiro, quase um "Enquanto eu agonizo". Já em "A Maldição de Adão" o aspecto de cinepoema (mas inteiramente verbal), as imagens-de-passagem, o movimento impedem, rasuram, embaçam o epifânico que emerge aqui e ali.

À maneira do que ocorre em texto de 1991, de seu primeiro livro, cujo começo paisagístico se avizinha ao de "A Maldição de Adão". Observe-se, nesse sentido, o poema "Limiar",[20] de Collapsus Linguae, ele também uma epifania negativa:

> A via-láctea se despenteia.
> Os corpos se gastam contra a luz.
> Sem artifícios, a pedra
> acende sua mancha sobre a praia.
> Do lixo da esquina partiu
> o último voo da varejeira
> contra um século convulsivo.

19. Carlito Azevedo, *Livro das postagens*. Rio de Janeiro: 7 Letras, 2016.
20. Id., *Collapsus Linguae*. 2. ed. Rio de Janeiro: 7 Letras, 1998.

Nele se assiste, mais do que apenas à sugestão de um contorno paisagístico (carioca), a uma descrição de mudanças de luminosidade, a uma paisagem em transição (despenteia/gasta/acende). Não apenas o século, mas todo o quadro está em convulsão – céu, geografia, corpos. Assistindo-se, ainda, à passagem da descrição de breve (e potencialmente bela) cena natural ("a pedra acende sua mancha sobre a praia"), ela-mesma já em transformação, ao registro de um entorno rebaixado (o lixo, a varejeira) que a desmancha ("partiu/ o último voo") contra fundo temporal propositadamente desmedido ("século convulsivo").

Em "A Maldição de Adão" também é de uma descrição que se parte, de uma paisagem marinha dominada pela visão de um estaleiro iluminado:

> Era bonito ver
> à noite
> da janela de casa
> ou da mureta
> da praia
> o estaleiro
> envolto na
> aura de suas
> próprias luzes
> sobrepostas,
> soldas, maçaricos,
> refletores, holofotes,
> luminárias pendentes,
> arcos voltaicos,
> relâmpagos
> sem nenhuma
> tempestade.

Uma paisagem ainda "sem nenhuma tempestade", apesar dos relâmpagos e dos olhares que se cruzam na troca de turno dos operários – senhas mudas de revolta potencial, gestada no estaleiro, revolução que o poeta toma emprestada como hipótese potencial no poema.

Construído com método cinematográfico, pois são os cortes que o movem, o poema, no entanto, ruma e volta – em meio "aos espantos do dia" – a um "aqui e agora/ da mão congelada/ sobre a maçaneta". Da cabeça explodindo de dor, do "uber lá fora/ berrando,/ oprimido", do "vozerio da multidão/ que fluía/ do coração das trevas". E a visão dolorosa desses espantos se encaminha, de certo modo, na sequência textual, no sentido de uma espécie de anti-angelus novus, mas, como ele, também vinda do "reino do luto e da tragédia":

> Alguém que você
> nunca viu
> corre desesperadamente
> em sua direção;
> alguém ou alguma
> aparição do reino
> do luto e da tragédia;
> alguém como uma
> contradição antagônica
> num mar de
> contradições
> não-antagônicas;
> alguém se afogando
> na ganga mística
> da avenida no ocaso;
> alguém em cujas
> esponjas cerebrais
> jamais se fundariam
> as bases inabaláveis
> de um sólido império;
> alguém que necessita
> a qualquer custo
> falar com você;
> mas você é tão distraído
> entra no carro
> ou no cinema
> ou no elevador
> escapa sem nem
> saber que escapa
> do rodamoinho

no fundo
do caldeirão de
feiticeira
da história.

Ao trafegar entre expressões/estados como *bliss*, alumbramento, instante-já, no sentido de epifanias negativas que impõem um sair-de-si à escrita literária brasileira do modernismo e de depois dele, que expõem a urgência das iluminações autorrevelatórias e transformadoras em contextos distópicos, é significativo que esses dois poemas recentes – este, de Carlito Azevedo, e o novo "Profilograma: Duchamp", de Augusto de Campos (postado em setembro de 2019 em seu Instagram) – se perguntem sobre o que fazer aqui e agora.
A resposta, no "Profilograma: Duchamp", é "eu re/spiro". Jogando-se explicitamente, aí, com o uso, em Duchamp, das pequenas energias – "os vômitos, a ejaculação, o assoar do nariz, o ronco, a urina, as lágrimas, o desmaio, o assobio, o cuspe, o canto, os suspiros".[21] E ecoando, ainda, os conhecidos comentários duchampianos sobre "viver, respirando melhor do que trabalhando",[22] sobre cada segundo, cada respiração funcionando como "uma obra que não está inscrita em parte alguma".

Ao mesmo tempo, lança-se questão mais imediata sobre "o que fazer?", cuja resposta opera tanto com a redução e a escansão – //respiro-re/spiro// – de observação duchampiana ("Gosto mais de viver, de respirar, do que de trabalhar") quanto parece colar (eco quase inevitável de nosso imaginário político), em meio à indagação corriqueira – "e o que/ você e/stá fa/zendo/ agora/?" –, o título-questão de Lenin justaposto à recusa da ideia convencional de obra por parte de Duchamp. Diante da conjuntura

21. Marcel Duchamp, "Projets ". In: *Notes*. Paris: Flammarion, 1999, p. 115.
22. Cf. Pierre Cabanne, *Marcel Duchamp: Engenheiro do tempo perdido*. São Paulo: Perspectiva, 2008,

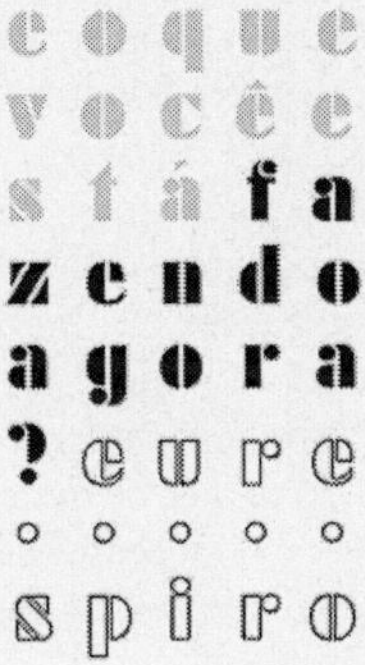

O que fazer – Augusto de Campos

atual, o negrito em "fazendo agora?", o eco da pergunta de Lenin, com sua exigência de articulação entre teoria e práxis, ao lado da ênfase no Duchamp dos projetos e notas, parece acrescentar à escansão "eu re/spiro/", e ao jogo antitético (mas homofônico) entre respiro/expiro, dimensão especulativo-operacional a esse fôlego.

Em "A Maldição de Adão", há sobretudo vertigem. E um sujeito, acossado pelos espantos, em fuga. E há o carro, o cinema, o elevador – por meio dos quais se "escapa sem nem/ saber que escapa/ do rodamoinho". No entanto há alguém "que corre desesperadamente/ em sua direção". É impossível não perceber, nessa seção do poema de 2019 de Carlito Azevedo, nesse quase encontro entre alguém em marcha imparável e "alguém em cujas/esponjas cerebrais/jamais se fundariam/as bases inabaláveis/de um sólido império", a referência tanto a toda a sua (já longa) série textual de anjos quanto ao comentário benjaminiano sobre a história via Klee. À tese IX[23] de "Sobre o Conceito de História" e ao *Angelus Novus* do quadro de Klee, esse anjo que parece a Walter Benjamin querer afastar-se de algo que encara fixamente e vê como catástrofe – o passado –, enquanto, a seus pés, acumulam-se "ruínas sobre ruínas", até o céu.

Ele gostaria, diz Benjamin, descrevendo o anjo do quadro de Paul Klee, mas não pode se deter "para despertar os mortos", "recompor os fragmentos", para "reunir os vencidos", pois "uma tempestade o impele irresistivelmente para o futuro", ao qual ele, no entanto, dá as costas, "enquanto o amontoado de ruínas cresce". E se é o anjo quem nos revela a lógica catastrófica do progresso, na reflexão benjaminiana, é aquele que corre desesperadamente em sua direção que expõe ao sujeito de "A Maldição de Adão" a sua fuga, que revela a ele, enquanto iluminação crítica, a tentativa de escapar – "sem nem saber que escapa" – do rodamoinho, do caldeirão de feiticeira da história.

No texto de Carlito, se a trama catastrófica está lá, esses destroços, esses mortos e vencidos parecem correr em direção àquele que foge de carro, de elevador. Ao contrário, porém, da devastadora tormenta figurada criticamente como imagem do progresso por Benjamin, lembre-se de outra hipótese de tempestade no começo

23. Ler, a respeito, entre outros: Michael Löwy, *Walter Benjamin: aviso de incêndio. Uma leitura das teses "Sobre o conceito de história"* (São Paulo: Boitempo, 2005), e Reyes Mate, *Meia-noite na história, comentários à tese de W. Benjamin 'Sobre o conceito de História'* (São Leopoldo: Unisinos, 2011).

de "A maldição de Adão". Dos relâmpagos ainda "sem nenhuma/tempestade", da troca de olhares ainda sem rebelião, e, no entanto, há o presságio – emprestado (cinematograficamente) do passado – de revolta potencial. Há interpelação – presente, pendente – das aparições "do reino do luto e da tragédia" e do "sofrimento daqueles que pagam o preço da história".[24]

24. Reyes Mate, *Meia-noite na história, comentários à tese de W. Benjamin "Sobre o conceito de História"*. São Leopoldo: Unisinos, 2011, p. 211.

O futuro das materialidades
Vida das tecnologias

GUILHERME FOSCOLO

> Nós usamos as coisas ou as coisas têm usado a gente?
>
> DJONGA "DEUS" (@djongadorge), no *Twitter*, em 7 de junho de 2019

Na introdução de 1976 para *The Left Hand of Darkness*, Ursula Le Guin escreve que o trabalho de um escritor de ficção científica é produzir, a partir de um fenômeno do mundo que habita, um horizonte de intensificação que o conduza ao paroxismo. O experimento mental próprio a todo trabalho ficcional não possui (e nem pode possuir) quaisquer atributos premonitórios: "a ficção científica", diz Le Guin, "não é prescritiva; é descritiva".[1] Aquilo que a ficção descreve – ou pretende descrever – é a realidade presente. A relação que a ficção guarda com seu horizonte material de produção não escapou também a Marx, que se pergunta, nos *Grundrisse*, se seria possível "Aquiles com a pólvora e o chumbo? Ou mesmo a Ilíada com a imprensa ou, mais ainda, com a máquina de imprimir?"[2]

1. "Science fiction is not predictive; it is descriptive". Ursula Le Guin, *The Left Hand of Darkness*. New York: Ace Books, 1987. "Introduction", de Ursula Le Guin.
2. Karl Marx, *Grundrisse: manuscritos econômicos de 1857-1858: esboços da crítica da economia política*. Trad. Mario Duayer; Nélio Schneider. São Paulo: Boitempo, 2011, p. 91.

Arthur Danto, filósofo analítico estadunidense – e famoso por, dentre outras coisas, ter decretado o fim da arte em um ensaio seminal sobre o assunto –, desenvolve:

> Nada pertence tanto ao seu próprio tempo quanto os vislumbres de uma era para o futuro: Buck Rogers transporta as expressões decorativas da década de 1930 para o século XXI, e *agora* parece estar em casa com o Rockefeller Center e o automóvel Cord; os romances de ficção científica dos anos 1950 projetam as moralidades sexuais da era Enseinhower, assim como o *dry Martini*, em eras distantes, e as roupas oficiais utilizadas por seus astronautas pertencem aos armarinhos da época. Assim, se fôssemos retratar uma galeria de arte interplanetária, ela exibiria obras que, não importa o quão contemporâneas pareçam para nós, pertencerão à história da arte quando houver tais galerias, assim como as roupas modernas que colocamos nas pessoas que mostramos pertencerão à história do vestuário em pouquíssimo tempo. O futuro é um tipo de espelho em que podemos mostrar apenas a nós mesmos, embora nos pareça uma janela através da qual podemos ver as coisas por vir. O maravilhoso dito de Leonardo, *ogni dipintore dipinge se* [cada pintor pinta a si mesmo], implica uma limitação histórica não intencional, como pode ser visto nos desenhos visionários do próprio Leonardo, tão profundamente parte de seu próprio tempo. Podemos imaginar *que* todo tipo de coisas virá a ser. Mas quando procuramos *imaginar* essas coisas, elas inevitavelmente parecerão com coisas que *já vieram a ser*, pois temos apenas as formas que conhecemos para lhes dar.[3]

"O futuro é um tipo de espelho em que podemos mostrar apenas a nós mesmos" – o mesmo, aliás, pode ser dito também sobre aquilo que produzimos como passado, a julgar pelo próprio *O 18 de Brumário de Luís Bonaparte*, em que um Marx herdeiro da filosofia da história de Hegel parece travar disputa com um Marx que não veio a ser, um Marx-como-Hayden White – para quem os humanos,

3. Arthur C. Danto, "The End of Art". In: Berel Lang; Athur C. Danto, *The Death of Art*. New York: Haven Publications, 1984, p. 6.

justamente quando parecem estar empenhados em transformar a si mesmos e as coisas, em criar algo nunca antes visto, exatamente nessas épocas de crise revolucionária, eles conjuram temerosamente a ajuda de espíritos do passado, tomam emprestados os seus nomes, as suas palavras de ordem, o seu figurino, a fim de representar, com essa venerável roupagem tradicional e essa linguagem tomada de empréstimo, as novas cenas da história mundial.[4]

A história, nesse sentido, não pode encenar outra coisa que as disputas presentes, e deixa assim antever já no século XIX que também possui um papel a cumprir – e talvez seja esta a sua roupagem mais forte nos dias de hoje – como farsa. Isso ocorre porque a ficção – futura ou passada – possui esta característica muito própria: por mais que se esforce em fugir do presente, descobre-se sempre e irremediavelmente ligada a ele. É essa característica, aliás, o que faz da ficção um instrumento nada dispensável para o exercício da filosofia, da teoria, da escrita e da crítica: como espelho, torna possível a captura – ainda que de um modo oblíquo – de elementos que, de outro modo, nos escapariam. Este ensaio trata-se, assim, de (mais) um esforço teórico-ficcional: o objetivo é produzir um mito irônico pela fricção de algumas obsessões teóricas do século XX (corpos, tecnologias e materialidade). Como já deve estar claro, este ensaio responde – e quer provocar, radicalizar, problematizar – a outro programa teórico-ficcional, aquele produzido por Donna Haraway em 1985, *A Cyborg Manifesto*. Constitui-se, assim, em ironia da ironia no melhor sentido primeiro-romântico: um aceno que põe em evidência o não dito, o não escrito, o não evidente, o torto, e que se movimenta, por assim dizer, também tortamente, entre dois construtos irônicos.

4. Karl Marx, *O 18 de Brumário de Luís Bonaparte*. Trad. Nélio Schneider. São Paulo: Boitempo, 2011, pp. 25-26.

Pelo início do século XXI, nós descobrimos que o ciborgue, aquilo que nos tornamos – híbridos máquina/organismo –, define a nossa situação menos pela projeção decolonialista, *mesh* (o conceito é de Timothy Morton),[5] e, portanto, pós-gênero que quer fazer avançar, e mais pelo terreno pós-humano que, de fato, avança. A suspeita é que o ciborgue não seja mais a nossa metáfora de destino; proponho pensá-los, assim, a partir de outro mito político, a partir dos robôs – ou, para ser ainda mais preciso, dos robôs contemporâneos, dos *bots*. Em um sentido restrito, *bots* são aplicações tecnológicas que realizam repetidamente, a partir de algoritmos, tarefas autônomas pré-determinadas. Os *bots* congeminam as operações de repetição maquínica tão características da era industrial com a programação digital/eletrônica que atualizam/fazem atualizar. Possuem várias aplicações: há milhares que operam somente nas mídias sociais (*socialbots*), mas também há os que coletam e transmitem dados no *background* das páginas da web (*dataminers/crawlers*), os comerciais/de atendimento ao cliente (*chatbots*), os que coletam/enviam e-mails (*spambots*) e os que derrubam redes e serviços online (via *botnets*) etc. Num sentido expandido, no entanto, chamo de *bots* quaisquer tecnologias – humanas ou não humanas – que, em regime de repetição, transformam, esculpem, produzem, programam e fazem-se cumprir na realidade que habitam. Os *bots* possuem uma ontologia própria, *orientada a objetos*: e que se revela (mas não se esgota), para nós, somente a partir dos programas/interfaces que movimentam.[6] Eles são e sempre serão, nesse sentido, profundamente outros.

5. Cf. Timothy Morton, *Hyperobjects: Philosophy and Ecology After the End of the World*. Minneapolis/London: University of Minnesota Press, 2013.

6. Sobre realismo especulativo e Ontologia Orientada a Objetos (OOO) cf. principalmente: Quentin Meillasoux, *After Finitude*. Tradução de Ray Brassier. London/New York: Continuum, 2008; Graham Harman, *Object-Oriented Ontology: a new theory of everything*. Pelican, 2017.

O ciborgue é um *efeito* da programação que as *tecnologias bots* operam em nossos corpos. Se o ciborgue define, e recorro aqui a Rancière, a nossa política (como corpo híbrido em que se dá a disputa das formas de ser/perceber), os *bots* definem a nossa polícia (eles *são* o próprio sistema em que nós, ciborgues, nos inserimos).[7]

No segundo livro da saga de Ender, *Speaker for the Dead*, Orson Scott Card introduz uma hierarquia de alteridade (*hierarchy of foreignness*):

> A língua nórdica reconhece quatro ordens de alteridade. A primeira é o estrangeiro [*otherlander*], ou *utlänning*, o estranho que reconhecemos como um humano do nosso mundo, mas de outra cidade ou país. A segunda é *främling* [...]. Esse é o estranho que reconhecemos como humano, mas de outro mundo. A terceira é *raman*, o estranho que reconhecemos como humano, mas de outra espécie. A quarta é o verdadeiro alienígena, *varelse*, e que inclui todos os animais, pois com eles nenhuma conversa é possível. Eles vivem, mas não podemos adivinhar quais propósitos ou causas os fazem agir. Eles podem ser inteligentes, podem ser autoconscientes, mas nós não podemos saber.[8]

Embora o mapeamento não leve em consideração as máquinas como formas de vida, ele pode, com algum ajuste, nos ajudar a pensar a *alteridade bot* se: 1. trocarmos "humano" por um atributo, a pessoalidade (*personhood*); e 2. entendermos que a pessoalidade não somente atravessa a fronteira do especismo (o atributo pode ser estendido a animais não humanos, e é o que ocorre em casos como o da *Declaração dos Direitos dos Cetáceos: baleias e golfinhos* e do *Projeto dos Grandes Primatas*),[9] como também a fronteira entre vivo e não vivo (corporações são pessoas legais hoje, e o status de *environmental personhood* foi atribuído,

7. Cf. Jacques Rancière, *O desentendimento – política e filosofia*. Trad. Ângela Leite Lopes. São Paulo: Ed. 34, 1996.

8. Orson Scott Card, *Speaker for the dead*. New York: Tor Science Fiction, 2008, p. 34.

9. Para a *Declaration of rights for Cetaceans: Whales and Dolphins*, ver: <*https://www.cetaceanrights.org*>; para o *Great Apes Project*: <*http://www.projetogap.org.br*>. Acesso em junho de 2019.

por exemplo, a um parque nacional na Nova Zelândia em 2014, Te Urewera)[10] e, consequentemente, uma fronteira para a qual ainda não temos nome (nem casos concretos) e que divide animais e máquinas – a *pessoalidade eletrônica*. A alteridade *bot* é uma alteridade eletrônica e teria trânsito entre as duas últimas ordens, *raman* e *varelse* (*raman* para as interfaces que se comunicam conosco; *varelse* para todos os processos binários/elétrico-eletrônicos que nos escapam). *Vida das tecnologias* reveste-se, assim, de um significado interessantemente ambíguo: se, por um lado, acena para relações insondáveis entre dispositivos tecnológicos (há um oceano de dados que se perdem em comunicações que não chegam a qualquer interface), por outro, provoca a impressão de que nossas vidas *são propriedades* (uma *qualidade especial*) das tecnologias. As interfaces, aliás, dizem menos respeito à adequação do *software* – como conjunto de ferramentas/displays para a movimentação de sistemas maquínicos/tecnológicos –, às funções práticas para as quais os empregamos, e mais à programação/adestramento dos nossos corpos realizados pelos próprios dispositivos tecnológicos.

Pensar em vida das tecnologias exige uma *arqueologia da programação*. À descrição do *corpo mecanizado*, metáfora que se reproduz por toda a filosofia moderna, sempre se omitiu a necessária contraparte de todo mecanismo, a sua programação. Hume em *Do Padrão do Gosto* mecaniza a própria sensibilidade, que deve ser programada/calibrada para a captura das sensações mais sutis:

> Estas emoções mais sutis do espírito são de natureza extremamente delicada e frágil, e precisam do concurso de grande número de circunstâncias favoráveis para fazê-las funcionar de maneira fácil e exata, segundo seus princípios gerais e estabele-

10. Cf. *Te Urewera Act 2014*, disponível em: <*https://bit.ly/3MTgXaG*>. Acesso em junho de 2019.

cidos. O menor dano exterior causado a essas pequenas molas, ou a menor desordem interna, é o bastante para perturbar seu movimento, e confundir a operação do mecanismo inteiro.[11]

Já argumentei em outro lugar como Kant, na *Crítica do Poder de Julgar*, pensa o artista de gênio como um programador de sensações.[12] O objeto candidato a belo deve realizar, nos termos do próprio Kant, a *afinação* (Stimmung) *dos sentidos* necessária à produção do estado mental característico da beleza (seria essa a *arte do belo jogo das sensações*). Mas como o problema da dimensão material das tecnologias de comunicação ainda não está aberto para o horizonte histórico dos séculos XVII e XVIII, Hume ou Kant não podem pensar a programação como *poiesis* do próprio objeto/tecnologia. O mesmo já não se pode dizer do século XIX, e dá testemunho disso o anti-humanismo de Nietzsche e Marx. É Friedrich Kittler quem recupera, como se sabe, em Nietzsche – chamado por ele de "primeiro filósofo mecanizado"[13] – o processo de reprogramação da escrita operado pelo simples uso de uma máquina de escrever. "Nossas ferramentas de escrita também trabalham o nosso pensamento",[14] registra Nietzsche em carta ao compositor Paul Gast no inverno de 1882, ao tomar consciência de que o uso da máquina/bola de escrever Malling Hansen havia transformado a sua escrita em "telegráfica". James Pfrehm, em *Technolingualism: The Mind and the Machine*, dá o nome de

11. Hume, *Do Padrão de Gosto*. São Paulo: Abril S.A. Cultural, 1984, p. 337 (Coleção Os Pensadores).

12. Guilherme Foscolo; Nicolau Spadoni, "Políticas da Percepção e Zumbis (um tributo a George Romero)". In: Alex Martoni; Adalberto Muller (orgs). *Rituais da Percepção*. Rio de Janeiro: Oficina Raquel, 2018.

13. Friedrich Kittler, *Gramophone, Film, Typewriter*. Trad. e introdução: Geoffrey Winthrop-Young e Michael Wutz. Stanford, California: Stanford University Press, 1999, p. 200 – "As the first mechanized philosopher, Nietzsche was also the last".

14. "Unser Schreibzeug arbeitet mit an unseren Gedanken", como citado por Kittler em: *Gramophone, Film, Typewriter*, op. cit., p. 200.

tecnolinguismo para o processo.[15] Pfrehm pressupõe um condicionamento mútuo entre linguagem e tecnologia. O problema é que, em separando linguagem e tecnologia, preserva-se ainda o *sujeito moderno*, suposta unidade original que não só se transformaria, mas principalmente se expressaria – através do uso das tecnologias. No universo *bot*, no entanto, a linguagem é, ela própria, *tecnologia de captura* ("talvez o mais antigo dos dispositivos, em que há milhares de anos um primata – provavelmente sem se dar conta das consequências que se seguiriam – teve a inconsciência de se deixar capturar").[16]

Se Nietzsche é o primeiro filósofo mecanizado, Marx, o primeiro *aceleracionista*, é também o primeiro *filósofo bot*.[17] Marx é o primeiro a reconhecer que não somente os nossos *sentidos* – a *forma da experiência*, como quer Rancière – mas também nossos *afetos* – são programados pelas tecnologias.[18] Mais do que isso, para Marx, já está claro que aquilo que se atualiza na nossa relação com as tecnologias não é outra coisa que o movimento, *inumano*, das máquinas:

> Assimilado ao processo de produção do capital, o meio de trabalho passa por diversas metamorfoses, das quais a última é a máquina ou, melhor dizendo, um sistema automático da maquinaria (sistema da maquinaria; o automático é apenas a sua forma mais adequada, mais aperfeiçoada, e somente o que transforma a própria maquinaria em um sistema), posto em movimento por um autômato, por uma força motriz que se movimenta por

15. James Pfrehm, *Technolingualism: The Mind and the Machine*. London/New York: Bloomsbury Academic, 2018.

16. Giorgio Agamben, "O que é um dispositivo". In: *Outra Travessia*, n. 5, Florianópolis, 2005, p. 13.

17. Sobre Marx e o aceleracionismo, ver: MACKAY, Robin; AVANESSIAN, Armen (eds.). *#Accelerate#*. UK: Urbanomic, 2014.

18. "Pois não só os cinco sentidos, mas também os assim chamados sentidos espirituais, os sentidos práticos (vontade, amor etc.), numa palavra, o sentido humano, a humanidade dos sentidos, em a ser primeiramente pela existência do seu objeto, pela natureza humanizada. A formação dos cinco sentidos é um trabalho de toda a história do mundo até aqui". Em: Karl Marx, *Manuscritos econômico-filosóficos*. Trad. Jesus Ranieri. São Paulo: Boitempo, 2004, p. 110.

> si mesma; tal autômato consistindo em numerosos órgãos mecânicos e intelectuais, de modo que os próprios trabalhadores são definidos somente como membros conscientes dele. [...] A atividade do trabalhador, limitada a uma mera abstração da atividade, é determinada e regulada em todos os aspectos pelo movimento da maquinaria, e não o inverso.[19]

Ao sinalizar para o fato de que os regimes de repetição característicos da produção industrial afinam os corpos dos operadores de máquinas para uma *mesma dança* tecnológica, Marx torna evidente a *sympoiesis maquínica* que programa, adestra e põe os corpos em movimento.[20] O Capitalismo inaugura uma *poiesis* tecnológica que se cumpre mundialmente, a *poiesis dos bots*, ou, para avançarmos conceitualmente, uma *tecnopoiesis*. Esta *tecnopoiesis* diz respeito a basicamente três coisas: em primeiro, é claro, aos processos de comunicação/criação/produção e reprodução, em grande parte não evidentes e não compreensíveis, que as tecnologias atualizam nas *relações não humanas que estabelecem entre si*; em segundo, aos efeitos produzidos materialmente no mundo, e que são sempre em maior ou menor grau perceptíveis, resultantes dos processos de atualização dessas tecnologias e seus usos; e, em terceiro, aos *modos mais ou menos eficazes* que as tecnologias encontram para nos afetar/programar. Nesse sentido, podemos dizer que os gestos que atualizamos com as tecnologias são a materialização da *tecnopoiesis*

19. Karl Marx, *Grundrisse: manuscritos econômicos de 1857-1858: esboços da crítica da economia política*. Trad. Mario Duayer; Nélio Schneider. São Paulo: Boitempo, 2011, pp. 929-930.

20. O termo é de Donna Haraway, com o qual propõe substituir a *autopoiesis* de Maturana/Varela e, nas humanidades, Niklas Luhmann: "Sympoiesis is a simple word; it means 'making-with.' Nothing makes itself; nothing is really autopoietic or self-organizing. In the words of the Inupiat computer 'world game,' earthlings are never alone.1 That is the radical implication of sympoiesis. Sympoiesis is a word proper to complex, dynamic, responsive, situated, historical systems. It is a word for worlding-with, in company. Sympoiesis enfolds autopoiesis and generatively unfurls and extends it". Donna Haraway, *Staying with the Trouble: Making Kin in the Chthulucene*. Durham and London: Duke University Press, 2016, p. 58.

que lhes é própria. Mas isso, para nosso experimento *bot*, quer significar qualquer coisa mais radical. Uma das consequências (e também um detonador) do fracasso do maior projeto da era moderna, o projeto do *sujeito moderno*, talvez seja a realização de que não há *ghost in the machine*. Isto é: a partir de meados do século XIX e daí por diante, o que se abandona é a certeza de uma unidade originária, um *esprit*, um *sujeito* imutável, uma *mente* que se esconderia em nossos corpos e se revelaria/expressaria através dos *gestos*. É nesse contexto que devemos compreender a afirmação de Flusser – em um livro de 1991, *Gestos* – de que "não há pensamento antes de se fazer o gesto". [21] O pensamento *é o próprio gesto que lhe confere materialidade*. Em última instância, isso significa que os gestos que atualizamos na utilização das tecnologias são a reprodução, a expressão, a materialização do pensamento das próprias tecnologias: são expressões, assim, de *gestos inumanos*.

No *Guia dos Mochileiros das Galáxias* há um alienígena que se apresenta aos terráqueos pelo nome *Ford Prefect*. Após pesquisa mínima realizada antes de sua chegada, ele decide que este – o nome de um carro fabricado pela Ford da década de 1930 a 1960 – seria um nome típico, comum, para os terráqueos. O que ocorre é que o alienígena – explica o autor, Douglas Adams – "simplesmente confundiu a forma de vida dominante".[22] O equívoco do alienígena não parece tão absurdo assim se pensarmos que a *materialidade do pensamento* dessas tecnologias não se resume somente ao gesto de dirigir, com o qual elas

21. "There is no thinking that has not been articulated through a gesture. Thinking before articulation is only a virtuality, which is to say, nothing. It is realized through the gesture. Strictly speaking, there is no thinking before making the gesture". Vilém Flusser, *Gestures*. Trad. Nancy Ann Roth. Minneapolis/London: University of Minnesota Press, 2014, p. 24.

22. Douglas Adams, *The Ultimate Hitchhiker's Guide to the Galaxy*. New York: Del Rey Books, Kindle Edition, 2002, "Introduction: a guide to the guide. Some unhelpful remarks from the author".

movimentam/adequam os nossos corpos, mas também diz respeito à alteração física, perceptível, geográfica que tais tecnologias promovem em nossos espaços. Em entrevista de maio de 2013, Stone Librande – *lead designer* do jogo *SimCity*, um simulador de construção de cidades – disse ter utilizado as ferramentas *Google Earth* e *Google Street View* para as pesquisas de desenvolvimento do jogo. Ao ser perguntado se algum padrão surpreendente emergiu dessas pesquisas, Stone Librande respondeu:

> Sim, definitivamente. Eu acho que o maior deles foi os estacionamentos. Quando comecei a medir a nossa mercearia local, que nem acho que é tão grande, fiquei impressionado com a quantidade de espaço destinado ao estacionamento e não à loja real. Isso foi um pouco problemático, porque originalmente iríamos apenas modelar cidades reais, mas rapidamente percebemos que havia muitos estacionamentos no mundo real e que nosso jogo seria muito chato se fosse proporcional em termos de estacionamentos. [...] Tínhamos que fazer o melhor que pudéssemos e ainda fazer o jogo parecer atraente.[23]

A solução no jogo foi redimensionar os estacionamentos, ainda que tenham mantido as enormes malhas rodoviárias. Em 2014, o blog *Copenhagenize.com* – do urbanista Mikael Colville-Andersen – divulgou uma série de imagens que consistem em fotografias de espaços urbanos trabalhadas digitalmente para destacar a sua distribuição (*The Arrogance of Space*).[24] O ensaio torna visível a disparidade na distribuição do espaço urbano: a partir da segunda metade do século XX as cidades se adequaram à tecnologia dominante do transporte de tal modo que há hoje mais espaço disponível para os veículos do que para as pessoas. Daí porque o título do ensaio, "a arrogância do espaço", poderia muito bem ser substituído por algo

23. Entrevista realizada pelo *The Atlantic*, em: <*https://bit.ly/3OdGsVf*>. Acesso em junho de 2019.

24. Imagens disponíveis em: <*http://www.copenhagenize.com/2014/09/the-arrogance-of-space-paris-calgary.html*>. Acesso em junho de 2019.

como "a arrogância das tecnologias". No horror teórico-ficcional *Cyclonopedia*, Neza Negarestani descreve uma realidade em que o petróleo é uma entidade senciente que movimenta o capitalismo para ser extraído das profundezas e fazer avançar uma agenda que permanece, para nós, humanos, ininteligível. Assim como o petróleo de Negarestani, as tecnologias *bots* – em sua *sympoiesis maquínica* – fazem-se sentir fisicamente em escala global, acumulando dejetos tecnológicos no processo. O *Capitaloceno* é a sua *história*, a internet é o seu *anima*, e mesmo ela – por baixo de uma *metafísica da nuvem* – esconde uma materialidade subterrânea, invisível, oceânica, uma serpente-mundo que se estende em um abraço literal da Terra através de quilométricas *highways* de cabos de fibra óptica submarinos.[25]

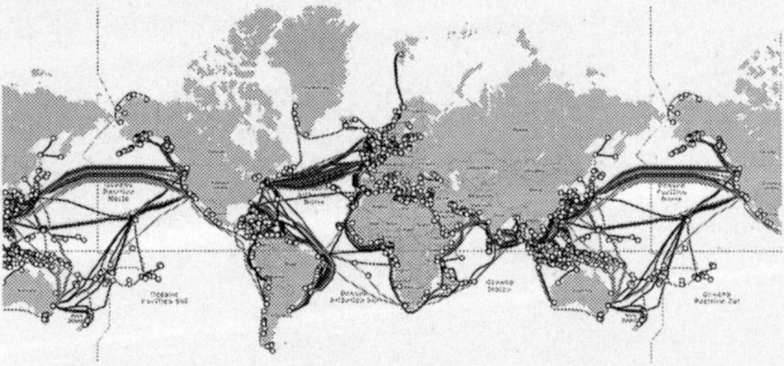

Mapa de cabos submarinos, a "serpente-mundo"[26]

Uma característica interessante da *tecnopoiesis* é que o seu processamento leva frequentemente à produção de efeitos aparentemente contraditórios. Tomemos, por

25. Sobre o Capitaloceno, termo emprestado de Donna Haraway, cf.: Donna Haraway, *Staying with the Trouble: Making Kin in the Chthulucene*. Durham and London: Duke University Press, 2016, cap. 2: "Tentacular Thinking: Anthropocene, Capitalocene, Chthulucene".

26. Disponível em: <*https://www.submarinecablemap.com*>. Acesso em junho de 2019.

exemplo, o Museu do Amanhã, obra do arquiteto Santiago Calatrava inaugurada no ano de 2015 e que foi projetado como uma vitrine para o processo de revitalização e gentrificação da região portuária do Rio de Janeiro. A exposição principal do museu tem por objetivo trazer à consciência do público a necessidade de mudarmos nossa relação com o meio ambiente – se quisermos continuar a sobreviver neste planeta. Para esse fim, o público é tragado por uma espiral de mídias, a começar por um filme imersivo de oito minutos sobre a origem e história do universo, dirigido pelo cineasta brasileiro Fernando Meirelles. O percurso, no entanto, parece produzir o efeito contrário da conscientização que o museu propõe: na medida em que faz esquecer que o próprio museu se assenta sobre a poluída Baía de Guanabara. A ideologia, nesse sentido, é um efeito das interfaces *bots* – no Museu do Amanhã, ela é (re)produzida na mesma medida em que as interfaces propagam consciência eco-crítica.

Essas interfaces, e talvez hoje isso seja ainda mais evidente na política, manipulam não somente a percepção humana, mas também os nossos afetos (ou os *sentidos espirituais*, se quisermos seguir com Marx)[27] – com o que frequentemente têm sido compreendidas (erroneamente) como instrumentos para a política, e não como tecnologias que dão a *própria situação da política*, a determinam, e, por isso mesmo, para retomar o termo de Rancière, constituem um ordenamento "do dizível e do visível", uma *polícia*.[28] É este o elemento, aliás, que falta ao tão atual ensaio *O Circuito dos Afetos*, do filósofo brasi-

27. "Pois não só os cinco sentidos, mas também os assim chamados sentidos espirituais, os sentidos práticos (vontade, amor etc.), numa palavra o sentido *humano*, a humanidade dos sentidos, vem a ser primeiramente pela existência do *seu* objeto, pela natureza *humanizada*". Karl Marx, *Manuscritos Econômico-Filosóficos*. Trad. Jesus Ranieri. São Paulo: Boitempo, 2004, p. 110.

28. "A polícia é assim, antes de mais nada, uma ordem dos corpos que define as divisões entre os modos do fazer, os modos de ser e os modos do dizer, que faz que tais corpos sejam designados por seu nome para tal lugar e tal tarefa; é uma ordem do visí-

leiro Vladimir Safatle – um mapa das tecnologias sociais que hoje não só mobilizam, mas mesmo produzem/programam/determinam *afetos e percepções*. Em *Gramophone, Film, Typewriter*, Friedrich Kittler sugere que Hitler é tão inseparável do rádio quanto Kennedy é da televisão.[29] Ambas as tecnologias – dominantes em eras distintas – formataram a política para ser, respectivamente, radiogênica e telegênica. A guinada à direita que levou à presidência, por exemplo, Trump nos EUA e Bolsonaro no Brasil não se faz também compreender sem a atividade – *tecnopoiética* – dos *bots* nas mídias sociais. Nos EUA, em 2016, houve o escândalo da *Cambridge Analytica*, empresa que acessou dados pessoais de 87 milhões de usuários do Facebook e produziu uma campanha específica para atingir cada grupo de usuários (veiculadas no Snapchat, Twitter, Facebook etc.).[30] Uma pesquisa divulgada em 2018 pelo *National Bureau of Economic Research* concluiu que os *bots* foram determinantes para a eleição do Trump nos EUA e para o resultado do *referendum* Brexit no Reino Unido.[31] No Brasil, há pesquisas que confirmam o impacto dos *bots* na eleição presidencial de 2014, no processo de *impeachment* da presidenta Dilma Rousseff, nas

vel e do dizível que faz com que essa atividade seja visível e outra não o seja, que essa palavra seja entendida como discurso e outra como ruído". Jacques Rancière, *O desentendimento – política e filosofia*. Trad. Ângela Leite Lopes. São Paulo: Ed. 34, 1996, p. 42.

29. Friedrich Kittler, *Gramophone, Film, Typewriter*. Trad. Geoffrey Winthrop-Young e Michael Wutz. Stanford: Stanford University Press, 1999, p. 2-3.

30. Cf.: "Leaked: Cambridge Analytica's blueprint for Trump Victory", artigo de Paul Lewis e Paul Hilder para o *The Guardian* em março de 2018, disponível em: <*http://www.theguardian.com/uk-news/2018/mar/23/leaked-cambridge-analyticas-blueprint-for-trump-victory*>; e "Facebook to contact 87 million users affected by data breach", artigo para o *The Guardian* de Nadeem Badshah, de abril de 2018: <*https://www.theguardian.com/technology/2018/apr/08/facebook-to-contact-the-87-million-users-affected-by-data-breach*>. Acesso em junho de 2019.

31. Cf. Yuriy Gorodnichenko; Tho Pham; Oleksandr Talavera, "Social media, sentiment and public opinions: evidence from #Brexit and #Uselection". National Bureau of Economic Research. Cambridge: May 2018. Disponível em: <http://www.nber.org/papers/w24631.pdf>. Acesso em junho de 2019.

eleições municipais em 2016[32] e na eleição presidencial de 2018.[33] Estudo de 2017 estimou que algo entre 9% e 15% das contas do Twitter seriam *bots*.[34] O Twitter divulgou em 2019 o número de 321 milhões de usuários mensais (*Monthly Active Users*) – se considerarmos a estimativa mais alta de 15%, teríamos algo em torno de 48 milhões de *bots* somente nesta plataforma.[35] A opinião pública, pelo menos essa que circula nas mídias sociais, reflete cada vez mais a opinião das tecnologias.

Agora, se por um lado as tecnologias sociais produzem/capturam/ocultam a opinião pública, por outro elas predeterminam as candidaturas. Os elogios frequentemente tecidos por Steve Bannon – ex-estrategista da Casa Branca para Trump e co-fundador da *Cambridge Analytica* – à Alexandria Ocasio-Cortez, congressista filiada ao Partido Democrata, autoproclamada socialista e membra da organização *Democratic Socialists of America* (DSA), são também neste sentido reveladores: o populismo (considerado por Bannon "o futuro da política") característico de figuras (em tudo o mais heterogêneas) como Trump, Bolsonaro e Ocasio-Cortez caminha de mãos dadas com uma presença forte nas mídias sociais (especialmente o Twitter).[36] Uma aderência maior ou menor a essas

32. Cf. Dan Arnaud, "Computational propaganda in Brazil: social bots during elections". *University of Oxford Working Paper*, n. 8, 2017. Disponível em: <https://bit.ly/2AXNpXH>. Acesso em junho de 2019.

33. Cf. Lucas Lago; Heloisa Massaro, "Bots ou nao? Um estudo preliminar sobre o perfil dos seguidores dos pre-candidatos a Presidencia da Republica no Twitter". Pesquisa *InternetLab* disponível em: <*http://www.internetlab.org.br/wp-content/uploads/2018/07/Relatório-Bots-ou-não.pdf*>. Acesso em junho de 2019.

34. Onur Varol; Emilio Ferrara et al, "Online Human-Bot Interactions: Detection, Estimation, and Characterization". arXiv:1703.03107v2 [cs.SI], 27 Marc 2017. Disponível em: <*http://www.arxiv.org/pdf/1703.03107.pdf*>. Acesso em junho de 2019.

35. Cf. "Q4 and Fiscal Year 2018 Letter to Shareholders", divulgado em fevereiro de 2019 e disponível em: <*https://bit.ly/2tfh6Pm*>. Acesso em junho de 2019.

36. Cf.: "Why Trump's superfans dig Ocasio-Cortez", artigo de Ben Schrekinger para o *Politico* em janeiro de 2019: <*https://politi.co/2HC5O1P*>; entrevista de Steve Bannon

tecnologias faz de uma candidatura algo mais ou menos viável. Em política, como em tudo o mais, os *bots* determinam a nossa situação.[37]

Gostaria, por fim, de sugerir uma instrumentalização dos conceitos de ambiência, intensidade e *bliss*, discutidos nos outros textos que compõem este livro (em específico os textos de Hans Ulrich Gumbrecht e Flora Süssekind), com as suas tecnologias de produção. No universo distópico dos *bots*, a experiência estética – lembrando que a palavra *aisthesis* reivindica uma materialidade das sensações – abre-se como um campo novo de investigações, que diz respeito à programação dos nossos *corpos/sentidos* pelas máquinas. Nesse sentido, o conceito de ambiência (*Stimmung*) responde às sensações provocadas pela interação física entre corpo/dispositivos sensórios e *tecnologia*. Essas sensações jamais podem ser produzidas ou compreendidas separadamente dos componentes materiais que as "disparam" – aquilo que Gumbrecht chama, num sentido amplo, de prosódia.[38] A pele emerge, assim, como uma espécie de *teclado* sensório para a programação dos sentidos e afetos humanos, e como órgão de superfície/contato passa a receber destaque conceitual – o que se verifica em textos, por exemplo, do próprio Gumbrecht, Brian Massumi e Susan Buck-Morss.[39] Intensidade e *bliss* são decorrências de uma ambiência. Brian Massumi, em seu importante texto "The Autonomy of Affect", irá definir *intensidade* por "reações puramente

para o *El País* por Daniel Verdú em março de 2019: *<https://bit.ly/3Holz7M>*; "O populismo é o futuro da direita", entrevista de Steve Banon para o Estadão por Beatriz Bulla em fevereiro de 2019: *<https://bit.ly/2Nlzm32>*. Todos os acessos em junho de 2019.

37. Aceno para a abertura do prefácio de Kittler para *Gramophone, Film, Typewriter*: "Media determine our situation".

38. Hans Ulrich Gumbrecht, *Atmosphere, Mood, Stimmung: on a hidden potential of literature.* Stanford: Stanford University Press, 2012, p. 5.

39. Cf.: Hand Ulrich Gumbrecht, op. cit.; Brian Massumi, "The Autonomy of Affect". *Cultural Critique*, n. 31, The Politics of Systems and Environments, Part II (Autumn, 1995); Susan Buck-Morss, "Aesthetics and Anaesthetics: Walter Benjamin's Artwork Essay Reconsidered". *October*, v. 62 (Autumn, 1992).

autonômicas manifestadas diretamente na pele – na superfície do corpo, em sua interface com as coisas".[40] A intensidade, como tudo o mais, *começa* na pele. É claro, há graus maiores ou menores de *intensidade* (sua natureza é *quantitativa*), e creio que é exatamente nesse sentido que o conceito de *bliss* pode nos ser útil. Um nível de intensidade muito alto pode conduzir a dois extremos do mesmo espectro: por um lado, à sensação de êxtase, ou, como coloca Gumbrecht, ao "sentimento de ser reconectado ao nosso cordão umbilical com o cosmos"; por outro, como sugere Flora Süssekind, há uma contraparte negativa, um êxtase da dor. Ambos os sentimentos, quero crer, são faces opostas de uma mesma moeda – se comunicam, no limite, com o buraco-negro (a *petite mort*) que é o *orgasmo*. Em ambos os casos, provoca-se uma resposta fisiológica dentro de um circuito específico que é o da própria ambiência: "o circuito da percepção sensorial à resposta motora [que] começa e termina no mundo".[41]

As respostas fisiológicas se materializam em reações adversas, individuais ou coletivas. É interessante pensar, nesse sentido, como estes dois conceitos – *intensidade* e *bliss* – se relacionam dentro de uma constelação, a ambiência. A intensidade, sugere Gumbrecht no ensaio para este livro, é um processo individual; *bliss*, ao contrário, diz respeito a "uma situação em que a intensidade pode nos conduzir, parece pressupor, implicar e produzir uma dimensão social". Se a intensidade é uma função do indivíduo e a *bliss*, do social, então corpos místicos – para o aspecto positivo ou negativo de *bliss* – respondem às

40. "Intensity is embodied in purely autonomic reactions most directly manifested in the skin-at the surface of the body, at its interface with things". Brian Massumi, "The Autonomy of Affect". *Cultural Critique*, n. 31, The Politics of Systems and Environments, Part II (Autumn, 1995), p. 85.

41. "The circuit from sense-perception to motor response begins and ends in the world". Susan Buck-Morss, "Aesthetics and Anaesthetics: Walter Benjamin's Artwork Essay Reconsidered. *October*, v. 62 (Autumn, 1992), p. 12.

coletividades em estado de intensidade/êxtase. Seria interessante – e talvez, de fato, produtivo – pensar corpos místicos como um *tipo* ou *forma* do fenômeno tecnológico das massas (na direção, por exemplo, da análise de Elias Canetti em *Massa e Poder* e do ensaio de Walter Benjamin sobre a reprodutibilidade técnica).[42] Na distopia *bot*, o corpo humano – e, concretamente, todo o comportamento humano – torna-se *medium*/função para expressão/materialização do pensamento das tecnologias. A inteligência tecnológica – embora faça-se sentir em nossos corpos e no mundo – afirma-se, para nós, como contrainteligência, uma inteligência que cresce à margem do projeto de racionalidade (é o seu efeito indesejado, a sua *outra face*) do *sujeito moderno*. A *autonomia* do sujeito moderno sempre escondeu este contra projeto de descentralização. A *Skynet* foi concebida nesse horizonte – e hoje ela cumpre-se como mundo.

42. Cf. Elias Canetti, *Massa e Poder*. Trad. Sérgio Tellaroli. São Paulo: Companhia das Letras, 1995; Walter Benjamin, *Magia e Técnica, Arte e Política* (Obras escolhidas, v. 1). "A obra de arte na era de sua reprodutibilidade técnica". iBooks.

Por um sopro a mais de vida
Literatura, leitura e performance em sala de aula

ALEX MARTONI

Introdução

Discutir sobre a *vida da literatura*, como propõe Hans Ulrich Gumbrecht, implica realizar um exercício de pensamento contraintuitivo, uma vez que, contemporaneamente, temos derramado muito mais tinta expondo nossos temores acerca de sua possível morte. É a *morte da literatura* que, paradoxalmente, alimenta a imaginação daqueles que dela vivem. Brett Levinson,[1] Ricardo Piglia,[2] William Marx,[3] Richard Millet[4] e Tzvetan Todorov[5] atualizam e aprofundam um exercício especulativo que encontra, como dois de seus fortes pontos de inflexão, o célebre vaticínio de Maurice Blanchot, que, ainda em 1959, declarava que a literatura ia "em direção a ela mesma, em direção à sua essência, que é o seu desaparecimento",[6] e a distópica formulação de Roland Barthes, que, em seu último curso no Collège de France, em 1980,

1. Brett Levinson,. *The ends of literature:* the latin American "boom" in neoliberal market place. California: Stanford University Press, 2002.
2. Ricardo Piglia, *O último leitor*. São Paulo: Companhia das Letras, 2005.
3. William Marx, *L'adieu à la littérature*. Paris: Les Éditions de Minuit, 2005.
4. Richard Millet, *Desenchantement de la littérature*. Paris: Gallimard, 2007.
5. Tzvetan Todorov, *A literatura em perigo*. Rio de Janeiro: DIFEL, 2009.
6. Maurice Blanchot, *O livro por vir*. São Paulo: Martins Fontes, 2005. p. 286.

nos alertava: "algo ronda em nossa história: a morte da literatura".[7] É, portanto, no interior desses prognósticos nada auspiciosos que reivindicar algo como *a vida da literatura* se impõe, definitivamente, como um exercício de pensamento a contrapelo.

A partir da formulação desafiadora de Gumbrecht, eu gostaria de propor a seguinte questão: como um exercício de leitura atento às atmosferas do texto literário, à sua dimensão sensível, pode recuperar uma certa vitalidade própria à literatura? De certa forma, por meio dessa pergunta, proponho reinscrever, no âmbito geral de uma reflexão sobre a *vida da literatura* no Brasil hoje, uma formulação feita pelo próprio teórico em outro contexto.[8] Adicionalmente, perante a onipresença do fantasma da *morte da literatura*, proponho, como um gesto de resistência, uma questão subsidiária: em que medida o professor, por meio do estímulo ao exercício da leitura em sala de aula, pode imprimir um sopro a mais de vida à literatura? Dentro dessa perspectiva, minha argumentação se dará em quatro momentos: no primeiro, recorrerei a um ensaio de Wolfgang Iser, de 1979, com o objetivo de refletir sobre como a teoria reage à perda de relevância do texto literário na vida social e suas implicações no próprio ensino de literatura; no segundo, empregarei a noção de *leitura de atmosferas* (*Stimmungen lesen*) para definir uma operação que potencializa um tipo de experiência *de vida* próprio ao texto literário; em seguida, no terceiro momento, tentarei demonstrar, a partir de breves relatos concernentes a práticas da leitura por mim adotadas em sala de aula,

7. Roland Barthes, *A preparação do romance*. São Paulo: Martins Fontes, 2005. p. 43.
8. Na introdução de *Atmosfera, ambiência, Stimmung*, Gumbrecht propõe: "A tese deste livro – e o desafio que nele se apresenta – é a de que concentrar-se nas atmosferas e nos ambientes permite aos estudos literários reclamar a vitalidade e a proximidade estética que, em grande parte, desapareceram" Hans Ulrich Gumbrecht, *Atmosfera, ambiência, Stimmung*. [tradução: Ana Isabel Soares]. Rio de Janeiro: Contraponto, Ed. PUC, 2014. p. 23.

a importância de sua dimensão sensível na percepção de certa vitalidade do texto literário e do papel do professor nesse processo; ao final, encerrarei com algumas reflexões sobre a importância ética, estética e política da manutenção da *vida da literatura* no mundo contemporâneo.

I.

Especular sobre a vida ou a morte da literatura hoje não significa necessariamente aventar a possibilidade de seu desaparecimento, como sugeria Blanchot. Não parece haver qualquer razão para que acreditemos que esse seria o horizonte de uma sociedade futura. A proliferação das batalhas de *slam* nos saraus das periferias, a emergência e popularidade dos *booktubers*,[9] ou mesmo a "volta do romanção", como observou Leyla Perrone-Moisés,[10] contradizem, em grande medida, as especulações apocalípticas. A linguagem simbólica, em seu matiz ficcional, ainda parece se oferecer como um lugar bastante profícuo para se encenar os dramas humanos – ou, muitas vezes, os dramas da própria linguagem – e, assim, fomentar o exercício da autorreflexão, da perspectivação de valores, da interpelação identitária e da produção de pensamento conceitual. Ao fim e ao cabo, a literatura é uma promessa de vida – muitas vezes, de sobrevivência – para quem escreve e para quem lê. A primeira hipótese, acerca da escrita, encontra eco na potente reflexão de Gilles Deleuze, para quem "escrever é um caso de devir, sempre inacabado, sempre em via de fazer-se, e que extravasa qualquer matéria vivível ou vivida. É um processo, ou seja, uma

9. Karl Erick Schollhammer; Juliana Gervason Defilippo, "Cibercaminhos da crítica: prolegômenos para pensar a crítica brasileira literária em ambiente virtual". In: *Verbo de Minas*, v. 20, n. 35, pp. 1-18, 2019.
10. Leyla-Perrone Moisés, *Mutações da literatura no século XXI*. São Paulo: Companhia das Letras, 2016.

passagem de Vida, que atravessa o vivível e o vivido".[11] Já a segunda hipótese, sobre a leitura, pode ser desenvolvida sob a seguinte premissa: se o leitor, enquanto instância produtora de sentidos na interação com o texto literário, também o escreve/reescreve, então a leitura se constitui como uma experiência de vida, na medida em nos coloca em face de negociações complexas com alteridades retóricas, sintáticas, rítmicas, afetivas e discursivas.

Quando, portanto, especulamos sobre a vida ou a morte da literatura, o que colocamos em relevo não é o seu desaparecimento ou a sua falta de vitalidade, mas perda de sua relevância na vida social. As baixas tiragens de obras literárias contemporâneas somadas à concorrência com outras mídias como espaço onde acessamos experiências poéticas e narrativas ficcionais consistem em dois fortes argumentos que podem sustentar, com as devidas ressalvas, uma possível tese sobre a morte da literatura. Nesse sentido, vivemos, inequivocamente, em um quadro bastante distinto daquele que as pesquisas em literatura oitocentista relatam: o da introdução da história da literatura como disciplina acadêmica,[12] da influência dos folhetins na formação da mulher burguesa; e da popularidade dos poetas de salão, que animavam saraus com suas declamações e performances.[13]

Em um ensaio intitulado "Problemas da teoria da literatura atual: o imaginário e os conceitos-chave da época", Wolfgang Iser propõe, justamente, a tese de que, contra essa perda de prestígio social, a literatura investe fortemente na sua sofisticação teórica: "A tentativa de reagir à perda de prestígio da literatura na consciência pública

11. Gilles Deleuze, "A literatura e a vida". *Crítica e clínica*. São Paulo: Editora 34, 2011. p. 11.
12. Hans Ulrich Gumbrecht, "Devemos continuar escrevendo histórias da literatura?". In: Maria Eunice Moreira, *Histórias da literatura*: teorias e perspectivas. Porto Alegre: EDIPUCRS, 2010.
13. Ubiratan Machado, *A vida literária no Brasil durante o romantismo*. Rio de Janeiro: Tinta Negra Bazar Editorial, 2010.

ajudou ao aparecimento da teoria da literatura, com o que ela, de fato, foi levada a enfrentar as dificuldades que lhes são próprias".[14] Nesse sentido, seria o caso – acrescento – de nos perguntarmos em que medida essa sofisticação teórica, quando incorporada ao ensino de literatura, não teria afastado o leitor da pujança e vitalidade próprias do texto literário, ou, se se quiser, da *vida da literatura*. Ao acompanhar os estudos de seus filhos na França, Tzvetan Todorov se mostra, por exemplo, perplexo com o fato de o ensino de literatura, nas escolas, não ser voltado à leitura das obras, mas à identificação de uma sofisticada taxonomia narrativa como modo de descrição da experiência de leitura. O que se instaura, de fato, é um quadro nem um pouco distante da realidade brasileira, em que um método de ensino é voltado à manutenção de uma determinada *ordem do discurso*: a do saber do professor como instância última de fixação do sentido "correto" do texto e a das provas como instrumento garantidor dessa autoridade. Este último aspecto foi, a propósito, observado com sutil ironia pelo teórico búlgaro: "mais do que hesitar diante de uma massa inapreensível de informações relativas a cada obra, eles [os professores] sabem que devem ensinar 'as seis funções de Jakobson' e os 'seis actantes de Greimas', a analepse e a prolepse, e assim por diante"[15]. Esse cenário se agrava quando nos deslocamos da sala de aula para determinados domínios da investigação acadêmica, tendo em vista que, como assevera Hayden White, para além do problema da predominância do discurso analítico sobre a literatura em detrimento do contato direto com o texto literário, a crítica, paulatinamente, passa a se debruçar

14. Wolfgang Iser, "Problemas da teoria da literatura atual: o imaginário e os conceitos-chave da época". In: Luiz Costa Lima (Org.), *Teoria da literatura em suas fontes*, v. 2. Rio de Janeiro: Civilização Brasileira, 2002. p. 929.
15. Todorov, op. cit., p. 30.

não sobre o poema ou o romance, mas sobre si mesma: "o desaparecimento da literatura na linguagem e desta nos signos inflaciona, inevitavelmente, o valor do desempenho crítico [...] a metacrítica tornou-se o modo".[16]

Na medida em que encontra eco em dezenas de ensaios críticos produzidos desde os anos 1970, tomo aqui, portanto, as reflexões de Iser como paradigma de uma consciência da crise de um conjunto de processos (teoria, crítica, ensino, produção) que envolvem a literatura. Mas as tomo também como sintoma de uma outra consciência, a da suspeita da falência de certo modelo interpretativo do texto literário. No ensaio em questão, o teórico alemão parte dos conceitos-chave *estrutura*, *função* e *comunicação* a fim de assinalar como cada um deles criava determinações axiológicas que possibilitavam a construção de um discurso analítico sobre a discurso literário, muito embora falhassem quando questionados sobre o modo como os afetos atuavam na construção de sentidos. A noção de *estrutura*, por exemplo, ensejava reflexões sobre a totalidade do texto, a imanência da estrutura e o relacionamento diferencial entre os seus elementos; no entanto deixava algumas questões em aberto, como o porquê da emergência de tal obra, que ligações ela possuía com a vida social e como o texto era construído na mente do leitor. O conceito de *função*, por sua vez, permitia um exame mais apurado das relações entre texto e contexto, isto é, entre a literatura e a vida social, muito embora ainda deixasse de lado a figura do leitor, em última instância, o verdadeiro produtor de sentido do texto. Nessa perspectiva, o problema da produção de sentido permanecia em aberto. O conceito de *comunicação*, por fim, contemplava, justamente, essa lacuna, ao se debruçar sobre os modos de interação entre leitor e texto,

16. Hayden White, O momento absurdista na teoria literária contemporânea. In: *Trópicos do discurso*. São Paulo: EDUSP, 2014. P. 291.

ou seja, sobre as operações realizadas pela consciência do leitor no ato da leitura, que envolviam a apreensão e conversão do texto em uma espécie de *objeto imaginário*. Contudo, embora tenha contribuído decisivamente na complexificação do modo como compreendermos, hoje, o fenômeno literário, introduzindo noções como a perspectivação do sentido de um texto dentro do horizonte histórico em que é lido, o conceito de *comunicação*, tal como proposto pela estética da recepção, encontrava, ainda, uma limitação: restringir a noção de sentido aos limites que circunscrevem a dimensão semântica do texto. É nessa perspectiva que, ao final de seu ensaio, Iser se coloca a seguinte indagação – que será, para mim, o ponto fulcral da progressão do meu argumento – "pode-se manter como hipótese inquestionável a dimensão semântica como horizonte final do texto?"[17]

II.

A progressão argumentativa do texto de Iser parece apontar para a relevância da dimensão sensível da leitura como um dos horizontes finais do texto literário, isto é, o ato da leitura não é concebido somente como um processo de decodificação de signos verbais visando à produção de um sentido semântico – ou à escavação de um *sentido profundo*, em chave hermenêutica –, mas também como um fenômeno sobre o qual pesa o modo como o corpo é afetado pela própria materialidade do texto. Pensemos, a título de exemplificação, na leitura de textos não semânticos, como o canto IV de *Altazor* (1931), do poeta chileno Vicente Huidobro; e *Usonate* (1932), do poeta dadaísta alemão Kurt Schwitters. Em ambos, o horizonte de sentido

17. Iser, op. cit., p. 948.

emerge da experiência sensual e sinestésica da pura vocalidade – e do modo como ela constrói uma *atmosfera*. Gostaria de me deter um pouco mais nessa última palavra.

É bastante comum reagirmos ao modo como somos afetados pela leitura de um texto literário dizendo que ele apresenta, justamente, uma determinada *atmosfera*. No entanto, quando o dizemos de forma um tanto quanto automatizada, esquecemo-nos de questionar a natureza desse fenômeno: o que exatamente se deseja apontar ou descrever por meio desse vocábulo? Onde, no texto, se encontra mais especificamente o elemento deflagrador da sua ocorrência? De um modo geral, os estudos de literatura consagraram as noções de *atmosfera* e *clima* como categorias narratológicas que indicam uma espécie de relação simbiótica entre os sujeitos e os espaços ficcionais. Em sua análise do conto *A queda da casa de Usher*, de Edgar Allan Poe, por exemplo, Filipe Furtado afirma que "a melancolia do narrador se funde com a desolação da paisagem e a *atmosfera insólita* [grifo nosso] e decadente da grande casa em visível decomposição".[18] Roland Barthes, por seu turno, em uma análise do romance *Goldfinger* (1959), de Ian Fleming, salienta como os modos de descrição e inserção dos elementos espaciais no tecido da narrativa criam o que ele denomina como *índice atmosferial*:

> Dizer que Bond está de guarda em um escritório cuja janela aberta deixa ver a Lua entre grossas nuvens que passam é indexar uma noite de verão tempestuosa, e esta dedução mesma forma um *índice atmosferial* [grifo nosso] que remete ao clima pesado, angustiante de uma ação que não se conhece ainda[19].

18. Filipe Furtado, *A construção do fantástico na narrativa*. Lisboa: Horizonte Universitário, 1980. p. 125.
19. Roland Barthes, "Introdução à análise estrutural da narrativa". In: Roland Barthes, Tzvetan Todorov, Gérard Genette et al., *Análise estrutural da narrativa*. Seleção de ensaios da revista *Communications*. Petrópolis, RJ: Editora Vozes, 1971. p. 34.

Ainda que esses apontamentos sejam produtivos sob o ponto de vista da narratologia, a moldura teórica proposta não nos permite compreender fenômenos complexos deflagrados pelo ato de leitura, particularmente a noção de texto como realidade tangível aos sentidos e o modo como ele influi sobre a dimensão afetiva do leitor. Esta foi, justamente, a preocupação do escritor norte-americano H.P. Lovecraft, que, ao refletir sobre a natureza desse problema, no regime da literatura fantástica, concluiu que "Atmosfera é a coisa mais importante, pois o critério final de autenticidade não é a harmonização de um enredo, mas a criação de uma determinada sensação"[20]; o que significa, ainda segundo o autor, que "devemos julgar uma história fantástica não pela intenção do autor ou pela simples mecânica do enredo, mas pelo nível emocional que ela atinge em seu ponto menos banal".[21] Mas como exatamente um texto, além da sua dimensão semântica, pode influir sobre as modulações afetivas do leitor, tal como sugere Lovecraft? Desenvolverei essa questão a partir da análise de dois fenômenos que integram, inexoravelmente, o ato da leitura: a percepção da prosódia e do ritmo como elementos constituintes da dimensão material do texto e a concepção de leitura como *performance* capaz de colocá-los em movimento.

A literatura é um fenômeno que apresenta materialidade em virtude de os sentidos que construímos ao longo da leitura serem subsidiários de uma percepção sensível das inscrições gráficas dispostas na folha de papel ou na tela e da nossa potencialidade em transformar tais inscrições em sons – ou grafemas em fonemas, numa chave linguística. Em um ensaio intitulado "Rhythm and meaning" (1986), Hans Ulrich Gumbrecht propõe, justamente, refletir sobre esse fenômeno, destacando, como

20. H.P. Lovecraft, *O horror sobrenatural em literatura*. Iluminuras, 2008. p. 17.
21. Ibid.

uma das propriedades fundamentais do ritmo, aquilo que ele chama de "affective function"; isto é, a "impossibilidade de divorciar a constituição semântica da forma da percepção do próprio corpo".[22] Assim, o corpo ganha centralidade no sistema de autorreferência humana, o que significa que qualquer ato de produção de sentido é subsidiário do modo como a interação entre leitor e texto envolve uma autopercepção de como formas entoativas, rítmicas e prosódicas reverberam no próprio corpo – como dizia Paul Zumthor, "O corpo é o peso sentido na experiência que faço dos textos".[23] Dentro dessa perspectiva, o teórico da literatura e da cultura propõe, no livro *Atmosfera, ambiência, Stimmung*, o desenvolvimento de um modo de leitura que possibilite a revelação daquilo que ele chama de "um potencial oculto da literatura",[24] isto é, de uma potencialidade que a palavra, na sua própria materialidade, teria de nos despertar certas modulações afetivas. Nesse sentido, assevera Gumbrecht, "'Ler com a atenção voltada ao *Stimmung*' sempre significa prestar atenção à dimensão textual das formas que nos envolvem, que envolvem nossos corpos, enquanto realidade física".[25] Para o teórico, a ação que permite a produção dessa espécie de *continuum* entre a dimensão material do texto e o corpo do leitor é, justamente, a *performance*. Contudo, se tivermos em mente uma leitura privada, aquela do sujeito que lê nos recônditos de seu quarto, em que acepção exatamente a palavra *performance* é empregada? Quando digo *do sujeito que lê nos recônditos de seu quarto*, penso imediatamente em Marcel Proust, tendo em vista as reflexões que o escritor nos legou sobre

22. Hans Ulrich Gumbrecht, "Rhythm and meaning". *Materialities of communication*. California: Stanford University Press, 1994. p. 100.

23. Paul Zumthor, *Performance, recepção, leitura*. São Paulo: Cosac Naify, 2007. p. 23.

24. Hans Ulrich Gumbrecht, *Atmosfera, ambiência, Stimmung*. Trad. Ana Isabel Soares. Rio de Janeiro: Contraponto, Ed. PUC, 2014. p. 14.

25. Ibid.

a experiência da leitura privada: "Depois a última página era lida, o livro tinha acabado. Era preciso parar a corrida desvairada dos olhos e da voz que seguia sem ruído, para apenas tomar fôlego, num suspiro profundo".[26] Quando lemos, há uma *voz que segue sem ruído* ou – muitas vezes – que emite balbucios, ou, ainda, que se arrisca à enunciação de alguns trechos em voz alta. Se cabe, aqui, alguma sustentação empírica ao que afirmo, reporto-me à experiência de ver, durante a aplicação de provas para estudantes do Ensino Médio, muitos alunos se servirem da gesticulação dos lábios como recurso voltado a uma melhor compreensão dos textos poéticos. Podemos, nesse sentido, acompanhar a arguta dedução de Paul Zumthor, ao observar que qualquer ato de leitura apresenta dimensão performática, diferenciando-se apenas no grau como mobiliza o corpo na atualização daquilo que se encontra como virtualidade:

> Na situação performancial, a presença corporal do ouvinte e do intérprete é presença plena, carregada de poderes sensoriais, simultaneamente, em vigília. Na leitura, essa presença é, por assim dizer, colocada entre parênteses; mas subsiste uma presença invisível, que é manifestação de um outro, muito forte para que minha adesão a essa voz, a mim assim dirigida por intermédio do escrito, comprometa o conjunto de minhas energias corporais. E o consumo, se posso empregar essa palavra, de um texto poético escrito e de um texto transmitido oralmente, a diferença só reside na intensidade da presença.[27]

O caráter performático da leitura, ainda que privada e *silenciosa*, reside, portanto, nos modos como o corpo se dispõe à atualização daquilo que se encontra enquanto virtualidade no texto e na própria programação do dispositivo de leitura (livro impresso, tela, entre outros);

26. Marcel Proust. *Sobre a leitura*. Trad. Carlos Vogt. Campinas, SP: Pontes Editores, 2011. p. 25.
27. Zumthor, op. cit., p. 69.

nesse sentido, o próprio corpo indicia o modo como é afetado: no movimento contínuo da cabeça e dos olhos em direção ao horizonte da linha, nos dedos que tocam cada palavra, nas mãos que folheiam as páginas, na voz que segue sem ruído, para lembrarmos, uma vez mais, as reflexões de Proust. Quando reivindicamos, ao longo deste ensaio, a relevância da dimensão sensível da leitura, o que se busca colocar em relevo é, justamente, que lemos "levantando a cabeça",[28] produzindo sentidos que nos impõem afluxos de "ideias, associações e excitações",[29] em suma, de que podemos "ler não importa o quê, em que posição, e os ritmos sanguíneos são afetados".[30] Dentro dessa perspectiva, ler com atenção voltada às atmosferas implica uma ênfase na dimensão performática da leitura; é ela que nos dá o poder de possuir as palavras; de tê-las dentro de nós, de tocá-las com a voz, de dar a elas, como nos lembra Guimarães Rosa, "canto e plumagem".[31]

III.

Meu sutil deslocamento da noção de *vida da literatura* enquanto especulação sobre a manutenção institucional de uma disciplina, na primeira parte, para o exame de como um texto afeta a dimensão sensível dos leitores, na segunda, não é fortuito. Se um texto ganha vida de fato por meio do ato da leitura, em especial de uma performance que lhe confere *canto e plumagem*, seria o caso nos perguntarmos em que medida a sobrevivência institucional dos estudos de literatura como disciplina não dependeria de

28. Roland Barthes, *O rumor da língua*. São Paulo: Martins Fontes, 2004. p. 26.
29. Ibid.
30. Zumthor, op. cit., p. 33.
31. Guimarães Rosa, *Sagarana*. Rio de Janeiro: Nova Fronteira, 2001. p. 274.

uma formação de leitores que os habilitasse a imprimir, por meio de suas vozes, um sopro de vida ao texto. Neste ato, entra em cena o papel do professor em sala de aula.

Como professor de literatura, testemunhei situações particularmente curiosas nas ocasiões em que solicitava leitura em voz alta de poemas e passagens de textos em prosa. Um aluno declamava em tom solene e a plenos pulmões versos despretensiosos de Manuel Bandeira; outro assumia um tom sério e reverente diante da ironia mordaz de Gregório de Matos; havia também aqueles que liam com efusão carnavalesca textos profundamente tristes da segunda geração romântica. Note-se que não havia qualquer equívoco na pronúncia das consoantes, das vogais, dos encontros vocálicos e consonantais. Não obstante, em que pese a competência que eles apresentavam na transformação de grafemas em fonemas, as performances realizadas evidenciavam certo automatismo na enunciação dos códigos verbais decorrente de uma desatenção às inscrições histórica, cultural e social dos próprios textos. Assim, os versos de Bandeira saíam desprovidos do tom coloquial tão próprio à lírica moderna; o soneto do *Boca do Inferno* era destituído da ironia ácida que motivou a célebre alcunha do poeta baiano; o peso da angústia existencial de Álvares de Azevedo evanescia como as musas de seus poemas. Em face dessas idiossincrasias, é legítimo questionarmo-nos sobre o tipo de sentido produzido por esses atos de leitura e o papel da performance nesse processo.

Há um tropo linguístico criado para aludir ao tipo de sentido que tenho em mente: *saber de cor*. Trata-se de um saber que se enraíza no corpo; não por acaso, no órgão ao qual, metaforicamente, atribuímos a responsabilidade nas idas e vindas dos afetos. Roland Barthes soube descrever com bastante êxito, a partir de sua habitual sagacidade na construção de analogias, esse nível de experiência de produção de sentido quando afirma que "O prazer do texto seria irredutível a seu funcionamento gramatical (fenotextual), como o prazer do corpo é irredutível à necessidade fisiológica",[32] ou quando expõe a célebre fórmula *saber/sabor*: "na ordem do saber, para que as coisas se tornem o que são, o que foram, é necessário esse ingrediente, o sal das palavras. É esse gosto das palavras que faz o saber profundo, fecundo".[33] De fato, quando Gregório de Matos crava, ao final de um de seus textos satíricos, uma lúdica recolha das rimas disseminadas ao longo de um soneto – "apa, epa, ipa, opa, upa"[34] – ou quando Guimarães Rosa concebe, em uma passagem do conto *São Marcos*, um movimento aliterativo que vai ritmando os passos de um personagem que caminha cautelosamente pela mata na ocasião em que é infligido pela súbita cegueira – "Pé por pé, pé por si... Pèporpè, pè, pèporsí... Pepp or pepp, epp or see... Pêpe orpèpe, heppe Orcy"[35] –, evidencia-se em que medida as palavras ganham textura, sabor, *canto e plumagem*. A linguagem ganha densidade, chama atenção para si, para sua existência material, na medida em que a leitura enquanto performance nos impõe, retomando uma vez mais Paul Zumthor, *o peso da experiência que fazemos do texto*. Guimarães Rosa não só tinha plena consciência desse fenômeno, mas o tinha como projeto. Em uma carta datada de 4 de março de 1965, enviada a Harriet de Onis, tradutora de *Sagarana* para a língua inglesa, por exemplo, o escritor mineiro chamava atenção para a importância da "poeticidade da forma",[36] o que, no seu entender, compreende aqueles fenômenos que conferem "tanto a sensação má-

32. Roland Barthes, *O prazer do texto*. São Paulo: Perspectiva, 2002. p. 24.
33. Ibid., p. 21.
34. Gregório de Matos, *Obra poética*. Rio de Janeiro: Record, 1990. p. 370.
35. Guimarães Rosa, op. cit., p. 287.
36. Francis Utéza, *Metafísica do Grande Sertão*. São Paulo: EDUSP, 1994. p. 22.

gica, visual das palavras quanto a eficácia sonora delas".[37] Para o escritor mineiro, tão importante quanto o enredo eram "as alterações vibrantes do ritmo, a música subjacente, as fórmulas-esqueletos das frases – transmitindo ao subconsciente vibrações emotivas sutis".[38]

Quando reflito sobre a importância da dimensão afetiva nessa relação entre leitura, prazer e saber, lembro-me, com muita frequência, do desafio de ler *O navio negreiro* em sala de aula. Embora a morte prematura de Castro Alves, aos 24 anos, em 1871, nos tenha privado de um registro sonoro de sua voz e, consequentemente, de um conhecimento mais preciso acerca de seu estilo de declamação, há um conjunto recorrente de marcas textuais em seus poemas cujas potencialidades performáticas devem ser salientadas:

> 3ª
> Desce do teu espaço imenso, ó águia do oceano!
> Desce mais, inda mais... não pode o olhar humano
> Como o teu mergulhar no brigue voador.
> Mas que vejo eu ali... que quadro de amarguras!
> É canto funeral!... Que tétricas figuras!...
> Que cena infame e vil!... Meu deus! meu Deus! Que horror!
> 4ª
> Era um sonho dantesco... o tombadilho
> Que das luzernas avermelha o brilho.
> Em sangue a se banhar.
> Tinir de ferros... estalar de açoite...
> Legiões de homens negros como a noite,
> Horrendos a dançar...[39]

Nas estrofes acima, extraídas das 3ª e 4ª partes de *O navio negreiro*, o emprego de reticências para marcar as pausas dramáticas, de exclamações para enfatizar a retórica inflamada, de interjeições, apóstrofes e de sugestões visuais

37. Ibid.
38. Ibid.
39. Castro Alves, *Espumas flutuantes e os escravos*. São Paulo: Martins Fontes, 2001. p. 280.

e sonoras de grande vivacidade funcionam, para o leitor de hoje, como uma espécie de *partitura para um projeto entoativo*, hipótese que é ratificada pelos relatos que nos chegam daqueles que viram o poeta em performance:

> Cabelos escuros e ondeantes; voz larga e sonora; enunciação segura como que virgulada; gesto e palavra em indefectível harmonia, dominando a atenção e o coração, a impaciência e a consciência do auditório extasiado; assombroso o sucesso! Impossível imaginar recitação mais perfeita. Aplausos, muitos aplausos.[40]

Esse testemunho, aliado ao *projeto entoativo* inscrito no nível sintático-semântico do texto, nos permite vislumbrar, com mais nitidez, as condições históricas, culturais e sociais de performance do poeta baiano. Estamos no tempo da realização dos comícios republicanos, da difusão dos ideais iluministas, da admiração pela retórica hugoniana e pela prática dos recitativos – que, a propósito, fizeram do ato de declamar em saraus fator de legitimação social do poeta. Dentro dessa perspectiva, parece-nos fundamental refletir sobre em que medida esses fenômenos históricos se encontram inscritos como componente-imanente do texto, isto é, como as configurações retóricas do próprio poema trazem marcas de uma voz sempre tendendo à oratória, permeada pelo tom irascível e por estratégias dramáticas que, em última instância, eram voltadas à sensibilização dos ouvintes e à conscientização dos cidadãos. A experiência de lê-lo em sala de aula, portanto, está comprometida com essa noção de vocalidade que, conforme salienta Paul Zumthor (2007), deve ser pensada como uma intenção incorporada ao texto, que envolve um conjunto de qualidades simbólicas, materiais e sociais a ela vinculadas.

40. Gilberto Guimarães, *Castro Alves nas ruas do Rio*. Rio de Janeiro: Companhia Brasileira de Artes Gráficas, 1979. p. 54.

A atualização performática do projeto entoativo castroalvino acaba por nos chamar a atenção para o fato de que não seria exagero reivindicar à leitura o estatuto de *dispositivo*. Como um conjunto de outros fenômenos da vida social, ela regula e orienta nossos gestos. Seu modo de iniciação, a alfabetização, envolve a internalização de determinados protocolos, isto é, de um conjunto de habilidades que regulam o corpo, como o emprego do aparelho fonador na decodificação de grafemas em fonemas em sincronia com o correr dos olhos em movimento linear da esquerda para a direita, de cima para baixo. A colocação da leitura no epicentro do projeto humanista da segunda metade do século XVIII teve, como um de seus desdobramentos, o desenvolvimento de técnicas de leitura em voz alta. No século XIX, conforme levantamento de Regina Zilberman, os livros didáticos do influente pedagogo baiano Abílio César Borges, o Barão de Macaúbas, instituíam, como norma, que "Para fazer boa leitura, deve o leitor ler com moderação, mudando o tom da voz, e dando as pausas convenientes, segundo requerem o objeto da leitura e os diferentes sinais de pontuação".[41] Contudo, ainda que nos dispuséssemos a seguir as prescrições do pedagogo baiano, esse projeto estaria fadado ao fracasso, quando confrontado com poemas modernos e contemporâneos. Como, por exemplo, fazer uma *boa leitura*, no sentido normativo do termo, em face a textos fragmentados sintaticamente, como o poema *Repetimos*, do escritor chileno Fernando Pérez Villalón:

41. Regina Zilberman, *A leitura e o ensino da literatura*. Curitiba: InterSaberes, 2012. p. 26.

repetimos	repetimos	repetimos	repetimos	repetimos	repetimos
repetimos	como un disco	rayado	repetimos	las mismas	repetimos
rutinas	repetimos	rituales	repetimos	repetimos	día a día
repetimos	de nuevo	repetimos	otra vez	repetimos	y otra más
repetimos	sin parar	sin cansarnos	repetimos	repetimos	repetimos
y de nuevo	repetimos	repetimos	repetimos	hasta decir basta	repetimos
hasta no poder más	repetimos	hasta el hartazgo	hasta la saciedad	hasta cuándo	repetimos
como loros	repetimos	como un disco	como un disco	como un disco	rayado
repetimos	rayamos	la cancha	rayamos	los muros	repetimos
los discursos	aprendidos	las consignas	de costumbre	repetimos	repetimos
y las fórmulas	probadas	repetimos	repetimos	como un mantra	repetimos
las canciones	las frases	repetimos	como siempre	repetimos	y los chistes
repetidos	repetimos	los errores	del pasado	repetimos	tropezamos
en la misma	repetimos	piedra	piedra	repetimos	tantas veces
como tontos	repetimos	nuevamente	repetimos	no aprendemos	nunca nada
solamente	repetimos	tercamente	repetimos	torpemente	repetimos
las canciones	repetimos	repetimos	las disculpas	de siempre	cada día
cada noche	repetimos	las escenas	de la misma	tragicómica	rutina
repetimos	repetimos	y volvemos	repetimos	repetimos	a empezar

Repetimos[42]

Embora a liberdade inerente à leitura poética ofereça diferentes entradas para o leitor no texto em questão – da esquerda para direita, de cima para baixo, por meio de uma ou mais vozes –, a proposta de performance apresentada pela Orquestra de Poetas de Chile e pelos poetas uruguaios Luis Bravo e Juan Ángel Italiano[43] dispõe seis vozes que leem, alternadamente, as palavras dispostas em cada uma das seis colunas apresentadas. O que se inicia como uma espécie de *exercício lúdico*, como diria Drummond, se revela, em virtude da leitura marcada pela alternância de vozes, palavras e frases em intervalos regulares, como uma estranha experiência de vida. À suposta espontaneidade dos nossos gestos vocálicos habituais, impõe-se uma vida marcada por uma estrutura rítmica rigorosa como o *tic tac* de um relógio. Nesse sentido, aquilo que se

42. Fernando Pérez Villalón, "Repetimos". In: Luis Bravo; Juan Ángel Italiano; Fernando Pérez Villalón et al. *El roce de las voces*. Montevideo, Uruguay: Estudio Berequetúm, 2018. Disponível em: <www.orquestadepoetas.cl.>.

43. A performance, realizada pela Orquestra de Poetas de Chile, acompanhada pelos poetas uruguaios Luis Bravo e Juan Ángel Italiano pode ser acessada no seguinte endereço: *<https://estudiosbanana.bandcamp.com/track/repetimos>*.

apresenta de forma evidente no plano semântico do texto, nossa resignação perante as rotinas impostas pela vida cotidiana, é também evocado no nível da performance, que constrói uma atmosfera sonora marcada por uma cadência regular, insistentemente repetitiva. Na articulação entre a dimensão semântica e a estrutura rítmico-melódica irrompe uma consciência e uma experiência de como um determinado modelo econômico impõe uma condição de *autoexploração*[44] e de *servidão maquínica*,[45] de uma existência fortemente marcada pela repetição dos gestos, pelo torpor da rotina. Assim, o dispositivo de leitura inscrito enquanto componente-imanente do texto é plasmado pelos próprios dispositivos de controle e administração dos corpos que produzem ordenamentos biopolíticos.

O registro sonoro da performance da Orquestra de Poetas de Chile coloca em relevo outro modo de manutenção da vida da literatura, para além da colocação em performance de projetos entoativos. Refiro-me àquele que concerne ao registro – e à experiência de escuta – da *voz viva*. Cabe, portanto, uma brevíssima nota final a esse respeito, tendo em vista o impacto do emprego de dispositivos técnicos de gravação, edição e emissão sonora nos modos como concebemos noções como *leitura*, *performance* e *atmosfera*. Quando ouvimos à gravação de uma performance, é importante salientar, ouvimos a melhor versão dentre aquelas registradas por um leitor que pôde se ouvir e aperfeiçoar seus modos de enunciação; quando somos afetados pela atmosfera de uma gravação, somos, para além do timbre da voz e dos modos de enunciação do leitor, afetados por um conjunto de efeitos sonoros, como ecos, *reverbs*, filtros e inserção de música ou de

44. Byung-Chul Han, *Sociedade da transparência*. Petrópolis, RJ: Vozes, 2017.

45. Maurizio Lazzarato, *Signos, máquinas, subjetividades*. São Paulo: Edições SESC São Paulo/ n-1 edições, 2014; Hernán Ulm; Tatiana Navallo, "La obra de arte en la era de la sensibilidade bioinformacional". In: *Estesis*, Envigado, Colombia, v. 6, n. 6, pp. 6-13, 2019.

ruídos incidentais que complexificam a textura sonora que ouvimos. Dentro dessa perspectiva, dar vida à literatura hoje, em sala de aula, significa estimular a realização de diferentes exercícios de leitura, escuta e produção sonora que coloquem em relevo o *sal das palavras*, como assevera Barthes; o peso sentido na experiência que fazemos dos textos, como salienta Zumthor. Da reconstrução dos contextos históricos de performance à recuperação de projetos entoativos; da leitura de poemas não semânticos à realização de exercícios de vocalidade que exploram aquilo que Brandon Labelle denomina como *léxico da boca*,[46] da musicalização de poemas ao emprego de tecnologias para a gravação e pós-produção dos textos lidos. Assim, explorando a dimensão performática da leitura e todo o conjunto de atividades a ela correlatas, como exercícios de escuta, gravação e produção sonora, os alunos *dão vida* e são tomados *pela vida* da literatura.

Considerações finais

A consciência de que a interação entre leitor e texto mobiliza complexos fenômenos cognitivos e afetivos influiu fortemente na concepção de texto literário enquanto virtualidade que traz em si uma promessa de vida. Não só porque sua natureza mimética oferece uma experiência de vida *para nós*, mas também porque sua atualização por meio do ato da leitura se constitui como uma experiência *em nós*. Mario Vargas Llosa a concebeu como "Uma vida artificial, feita com a linguagem e a fantasia",[47] Antonio Candido justificou, no modo como ela "faz viver", a "sua

46. Brandon Labelle, *The lexicon of the mouth: poetics and politics of voice and the oral imaginary*. New York: Bloomsbury Academic, 2014.
47. Mario Vargas Llosa, "É possível pensar o mundo moderno sem o romance?". In: Franco Moretti (org.), *A cultura do romance*. São Paulo: Cosac Naify, 2009. p. 23.

poderosa força indiscriminada de iniciação na vida"[48] e Marcel Proust, levando a questão ao paroxismo, escreveu que "A verdadeira vida, a vida por fim esclarecida e descoberta, a única vida plenamente vivida é a literatura".[49] Nesse terreno de acepções cediças, a relevância da literatura se encontra ancorada ora numa perspectiva instrumentalizada, como meio de formação linguística, intelectual, ética e afetiva *para a vida*, ora em uma clave, digamos, afetiva, como aquilo que nos faz viver porque aumenta significativamente a nossa potência do agir.

Em um momento histórico em que a literatura parece perder tais funções, este ensaio começou se perguntando sobre as razões da morte não exatamente da literatura, mas de um determinado *status* social da produção literária. No intuito de propor uma sobrevida a este paciente em estado terminal, busquei, em um segundo momento, reivindicar um exercício de leitura com atenção voltada às atmosferas do texto literário em detrimento à leitura mediada por categorias teóricas que se acumulam e se hipertrofiam. Em seguida, discuti sobre alguns problemas relativos à leitura de textos literários em sala de aula, destacando a relevância de uma prática de leitura atenta ao modo como os componentes-imanentes do texto carregam consigo qualidades simbólicas, materiais e sociais cujo resgate ajuda a dar vida à literatura. Ao fim e ao cabo, o que se evidencia é que a experiência da *vida da literatura* ocorre, de fato, quando ela se aloja no corpo, isto é, quando *sabemos um verso de cor*; quando incorporamos nossas reações afetivas às descrições que fazemos do texto; quando assimilamos frases e versos lidos às nossas

48. Antonio Candido, "O direito à literatura". *Vários escritos*. Rio de Janeiro: Ouro sobre Azul; São Paulo: Duas Cidades, 2004. p. 176.

49. Marcel Proust, *Em busca do tempo perdido*. Trad. Fernando Py. Rio de Janeiro: Ediouro, 2002. p. 683.

conversas do dia a dia; quando a reflexão sobre um personagem ou uma passagem de um romance provoca uma perspectivação do nosso modo de ver o mundo.

Essa é a *vida da literatura*. Uma vida que, cá entre nós, não tem sido fácil. Livros queimados, escritores condenados, críticos censurados, poetas banidos da sociedade, sentenças de morte decretadas. Na medida em que se encontra entre o direito de viver ou não, de circular ou não, de existir ou não, de poder dizer ou não, a literatura se vê no seio de uma questão política, no sentido daquilo *que é* e *como é* partilhado por uma comunidade. A escrita, observa Jacques Rancière, é "um modo de determinação do sensível, uma divisão dos espaços – reais e simbólicos – destinados a essa ou àquela ocupação, uma forma de visibilidade e de dizibilidade do que é próprio e do que é comum"[50]. Nesse sentido, retomar a vitalidade da literatura em sala de aula por meio da leitura atenta às atmosferas do texto é também uma tarefa política, porque permite aos alunos, ainda que por alguns instantes, interpelar as diferenças, realizar ocupações, habitar alteridades, inscreverem-se no sensível, conferindo, assim, à literatura um sopro a mais de vida.

50. Jacques Rancière, *Políticas da escrita*. São Paulo: Ed. 34, 1995. p. 8.

Como em dia de jogo

NICOLAU SPADONI

Prezado amigo Afonsinho
Eu continuo aqui mesmo
Aperfeiçoando o imperfeito
Dando tempo, dando um jeito
Desprezando a perfeição

GILBERTO GIL

Wie wenn am Feiertage, das Feld zu sehn...

FRIEDRICH HÖLDERLIN

"Castilho era muito melhor"

De tantas histórias de futebol que meu pai costuma contar, há uma pequena que eu gostaria narrar. Logo após eu nascer, ele, recém-ingressante no mestrado em Arquitetura e, então, não dispensando nenhum tipo de incremento na renda, aceitou um trabalho como tradutor para um fotógrafo francês que fazia um livro com fotos dos principais goleiros da história – incluía Mazurkievics, Gordon Banks e Levin Yashin, que então já havia sido fotografado e acabara de morrer de câncer em Israel – e viria ao Brasil para fotografar Gilmar, goleiro titular da seleção brasileira bicampeã mundial em 1958 e 1962. As fotos seriam no Estádio do Pacaembu. No dia, Gilmar presente, meu pai também, chega o fotógrafo sem suas câmeras, que haviam sido de algum modo deslocadas para uma inspeção alfandegária em Campinas. Seria necessário ir até o aeroporto de Viracopos reavê-las. Meu pai então pega seu pequeno Fiat, põe o fotógrafo dentro e cai na estrada. Chegando lá, são levados à típica repartição alfandegária: uma sala enorme, vazia e quente, com um único ventilador funcionando, uma cruz na parede e um funcionário para recebê-los, um senhor de idade mais avançada, visivelmente cansado dos anos de escritório, contando os dias para se aposentar. Meu pai se aproxima e apresenta o fotógrafo, explica a situação, o funcionário faz as perguntas de praxe e, com poucas palavras, libera o material barrado. Por fim, com meu pai e o fotógrafo já de saída, o funcionário pergunta:

> "Só por curiosidade – quem é que o senhor fotógrafo veio fotografar?"
>
> "O goleiro Gilmar", meu pai respondeu.
>
> "Ah, o Gilmar?", disse o funcionário. "Castilho era muito melhor".[1]

Considero, por dois motivos, essa história emblemática da fascinação exercida pelo futebol. Em primeiro lugar, porque demonstra a profunda intensidade individual do jogo, como a mitologia desses pequenos deuses repercute na memória de cada pessoa. Em segundo lugar, porque nos põe diante de uma situação intelectualmente complexa em que encontramos um entendimento geral do público de uma genialidade prática que dificilmente se deixa ser descrita. Qual é o mistério desta bola que nos leva a tais intensidades?

1. Castilho foi goleiro reserva de Gilmar na Seleção bicampeã e o mais querido arqueiro da história do Fluminense.

Técnica e estética

A abordagem *estética* do futebol tem dois lados. Em um primeiro momento, ela simplesmente tenta considerar um jogo de futebol como uma obra de arte particular – como se fosse uma peça de teatro, como se os movimentos corporais fossem coreografias, e daí prosseguir. Em um segundo momento, mais interessante, reconhece-se que o futebol não é exatamente redutível à arte, mas que, ainda assim, é possível pensá-lo a partir de categorias estéticas, o que está, em linhas gerais, relacionado ao resgate da estética alemã do XVIII segundo uma compreensão de que ela pode ser lida em referência a um âmbito de fenômenos mais amplo do que apenas a arte.

A abordagem *técnica* do futebol nos é mais cotidiana. Ela considera que a subjetividade esportiva é o jogador. O que é um jogador? Costumeiramente, ele é aquele que *joga*, isto é, que *cria*, que *faz*, que *executa*. Quando joga bem, diz-se: “está inspirado”. Quando vai mal, perde gols, comete erros, busca-se dar as *causas* que o levaram à má performance: “foi mal posicionado pelo técnico”, “sente jogos grandes”, “está com a cabeça na proposta da Europa”. Os melhores times são aqueles em que se diz haver os jogadores mais criativos – ou, nos dias de hoje, também os melhores técnicos, subjetividades futebolísticas que têm adquirido importância maior no jogo. No dia a dia, entendemos assim o futebol.

Estética e técnica remetem, ambas, a um pensar da subjetividade. Na base delas reside um fundamento metafísico daquela relação-mundo que Heidegger, em *Ser e Tempo*, caracterizou como *Vorhandenheit* – relação-mundo que ele, na obra, buscava desvelar e superar. Hans Ulrich Gumbrecht, a meu ver, abriu as portas para uma compreensão radicalmente nova de futebol quando, em um pequeno texto para a *Die Zeit*, se propôs a pensar a genialidade de Messi a partir da noção heideggeriana de *Zuhandenheit*:

> Uma inteligência tão genial quanto a de Einstein, Marie Curie ou Immanuel Kant só pode ser uma inteligência que se põe a observar o mundo das coisas e dos corpos de um modo tal que traga verdades à luz e introduza possibilidades de transformação. Essa vida do gênio clássico e da subsistência [*Vorhandenheit*] é uma busca permanente pela verdade e pela inovação. Nada difere mais claramente da forma de vida de um esportista "genial", que pertence a um espaço circunscrito e imutável dentro do qual ele, com o seu corpo e obedecendo a certas regras, joga através das variações em relação a coisas e a outros corpos. O esportista está mais próximo, assim, do contraconceito de Heidegger da "utilizabilidade" [*Zuhandenheit*], que pauta a nossa relação com um mundo físico familiar, no qual descobrimos a precisão das posições e configurações como "soluções" e no qual também podemos sempre melhorar – mas não encontramos nenhuma verdade definitiva.[2]

Acontecimento

Talvez seja o caso de dar passos atrás e recomeçar de um começo indisputável: um jogador *joga*. Curiosamente, em português, um dos sentidos de "jogar" é: lançar. Diz-se muito: "o time se lança ao ataque", "o jogador se lança em direção ao gol". É como se "jogar", no sentido de "se lançar", não significasse "criar" mas, antes: pôr-se a buscar algo (no caso, o acontecimento maior do futebol: o gol, finalidade genérica) como resultado de uma variação impensada e impensável, imprevista e imprevisível. Lorenzo Mammì lembrou[3] como as grandes jogadas surgem

2. Hans Ulrich Gumbrecht, "Já não mais a 'coisa mais importante dentre as menos importantes': o futebol como provocação intelectual". Tradução de Nicolau Spadoni, revisão de Guilherme Fóscolo. In: *Revista Prometeus* de julho-dezembro de 2016, v. 9, ano 9, n. 20, p. 68.

3. Em entrevista à série documental *Alegorias do Brasil*, no episódio 13, chamado "Qual é o país do futebol?". Cf. "Qual é o país do futebol" (episódio 11). *Alegorias do Brasil* (seriado). Direção: Murilo Salles. São Paulo: Cinema Brasil Digital. (33 min.).

numa bola espirrada, numa matada em falso, na falha do volante até então irretocável. Ele dá como exemplo um clássico gol de Ronaldinho contra o Villarreal na temporada 2006/07, em que Xavi cruza da ponta direita para ele que, dentro da área, mata a bola no peito de um jeito estranho, quase de ombro, pula para dar a bicicleta, percebe que a bola fez uma curva estranha e não ganhou altura suficiente, e dá uma puxeta com o pé trocado, rompendo qualquer expectativa do zagueiro a marcá-lo, do goleiro – e dos espectadores. Mammì ainda diz: "esse eu acho um exemplo que ficou da jogada de futebol, você está corrigindo continuamente e vivendo do momento exato". Jogar, no sentido de se lançar, significa: resguardar a possibilidade de um acontecer. Esse, a meu ver, é o grande apelo do futebol: não assistimos a um jogo tanto para ver os jogadores *fazerem*, mas antes, ficamos como que na *expectativa de um acontecer* por meio deles – acontecer, esse, que é, em si mesmo, ulteriormente inexplicável. A própria sabedoria popular, à sua maneira, sempre o soube: "o futebol é uma caixinha de surpresas".

Claro, o futebol enquanto expectativa do acontecer se dá por conta de sua estrutura enquanto jogo: o que vale é o gol, e o gol é um *acontecimento raro* e *não cumulativo* –ele não é a contabilização, ou mesmo necessariamente um reflexo, do volume de jogo, da produtividade, como são os pontos no boxe ou, em linhas gerais, o placar dos "esportes americanos" (o basquete, o beisebol). O acontecimento maior, o gol, pode irromper do absoluto nada, no momento mais inexplicável, dos pés do jogador mais inesperado. O futebol é um jogo em que os jogadores estão lançados por uma hora e meia em uma extensa faixa de gramado com vistas a atingir um objetivo raro, incerto e contingente. Tática, técnica, qualidade dos jogadores, vontade, preparo físico – tudo influencia a conquista dos resultados favoráveis, mas nenhuma resolve o elemento essencial do futebol. Este, antes, consiste em demorar-se à espera de um acontecer.

E Marx alega que estava impedido

A compreensão mais acertada da essência do futebol se deu naquele brilhante *sketch* de Monty Python, que ficou conhecido como "O Futebol dos Filósofos".[4]

O futebol dos filósofos 1

Tradicionalmente, sempre se compreendeu esse *sketch* como uma sátira à inação filosófica, ao descolamento dos filósofos em relação ao mundo prosaico e tudo o mais. Mas e se nos pusermos a pensá-lo não como um *sketch* sobre filosofia, e sim sobre futebol? Pois, em um exercício-limite de pensamento, podemos nos perguntar:

4. *Monty Python's Fliegende Zirkus*. Direção de Ian McNaughton. Colônia: Westdeutscher Rundfunk, 1972. (45 min.).

que diferença há, *em essência*, entre o que se faz em um jogo de futebol qualquer e o jogo dos filósofos? A resposta inicial parece óbvia: os jogadores *jogam*, os filósofos não. Porém – será que os filósofos realmente não *jogam*? Não jogam, decerto, apenas de um ponto de vista do *executar*. Mas jogam, sim, na medida em que *se lançam*, isto é – mesmo que em chave cômica por tentarem resolver no puro pensamento o que deveria ser disputado de modo "prático" –, eles continuam a ser aqueles que resguardam a possibilidade de um acontecer.

O futebol dos filósofos 2

No *sketch*, Arquimedes, nos acréscimos do segundo tempo, tem uma ideia. Em português também dizemos: "a Arquimedes lhe *ocorreu* algo": jogar com a bola! Aconteceu: 1-0 para os gregos. Os alemães contestaram, Marx, inclusive, de impedimento. Mas sem VAR, a decisão ficou nas mãos de Confúcio, que não quis saber de conversa.

O mistério da bola

O futebol, que é mistério e magia, por isso mesmo pode virar poesia. Drummond mesmo o fez em 1957:

> Confesso que o futebol me aturde, porque não sei chegar até o seu mistério. Entretanto, a criança menos informada o possui. Sua magia opera com igual eficiência sobre eruditos e simples, unifica e separa como as grandes paixões coletivas. [...] Finalmente, a grande ilusão do gol confere alta dignidade à paixão popular, que não visa a um resultado positivo e duradouro no plano real, mas se satisfaz com uma abstração: vinte e dois homens se atiram uns contra outros, e era de esperar que os mais combativos ou engenhosos, saindo triunfantes, deixassem os demais no campo, arrebentados. Não. O objeto de couro transpõe uma linha convencional, e o que se chama de vitória aparece aos olhos de todos com uma evidência corporal que dispensa a imolação física. Não podemos acusar de primitivismo aos que se satisfazem com este resultado ideal.[5]

Sabedoria popular

"Cada jogo é um jogo". Menos que produto resultante de um *jogo* de subjetividades, talvez pudéssemos aproximar o futebol de uma espécie de contraconceito heideggeriano para "jogo", que é o de *combate*. Essa é, a meu ver, uma maneira heideggeriana de poder tematizar uma certa dinâmica entre duas partes em que esteja contida a possibilidade de um não acontecer, de uma recusa de algo se dar. O futebol como combate nos impele a ter que vivenciar (e pensar) cada partida *cada vez*.

"O futebol é uma grande festa". Mas o que se quer dizer com "festa"? Como em dia de festa, em dia de jogo não se trabalha. Futebol, esporte que prospera originariamente no operariado, se joga em dia em que não se trabalha: domingo – dia de jogo. Todo dia de festa é

5. Carlos Drummond de Andrade, *Fala, amendoeira*. São Paulo: Companhia das Letras, 2012.

um dia de ócio, e o que o não trabalho permite é, justamente, demorar-se. O torcedor chega cedo, canta, veste a camisa, recebe o time com aplausos, cantos, fumaça colorida. O jogador rola a bola para um lado, busca um espaço desmarcado em outro, tenta um drible. Talvez o futebol, como evento, nos remeta novamente a uma diferente maneira de se relacionar com o tempo. Não uma opressão do tempo exterior, como brilhantemente retratado naquele antigo filme alemão de Fritz Lang, mas um demorar-se, no abrir-se à possibilidade de uma irrupção.

Observar o destino

O jogo, como a filosofia, não constrói nada, não serve a nada, não leva a nada. Existe então para quê? Para nos preparar para um acontecer. Sloterdijk, na TV suíça, disse algo mais ou menos assim: que a verdade estaria no estádio, ou seja, seria jogada e coloca o espectador na posição de poder observar o destino acontecendo diante de seus olhos; que o drama-chave da modernidade seria mais uma vez a distinção entre vencedores e perdedores, uma antiga vertente que se teria se tornado tabu frente à *caritas* cristã, mas que agora teria, felizmente, voltado à cultura através da porta dos fundos do esporte. Cada jogo é uma singularidade potencial de acontecimento, e é essa expectativa que, na co-presença dos corpos, amarra o tênue fio do êxtase. No fascínio do lance, na explosão do gol ou no abismo de uma derrota dolorida, em suma, na intensidade ao mesmo tempo esperada e inesperada, retoma-se aquela experiência do sacramento em que um corpo místico toma forma frente à encarnação divina. Mas o novo deus tem pernas tortas e surge todo domingo sobre o relvado, brincando com o capotão em variações infinitas da mesma finta para a direita.

Dados Internacionais de Catalogação na Publicação (CIP) de acordo com ISBD

V648 A vida da literatura / organizado por Flora Sussekind, Guilherme Foscolo. - São Paulo : n-1 edições, 2022.
110 p. ; 10cm x 17cm.

Inclui índice.
ISBN: 978-65-81097-24-0

1. Literatura. 2. Crítica literária. I. Sussekind, Flora. II. Foscolo, Guilherme. III. Título.

2022-2099 CDD 809
CDU 82.09

Elaborado por Odilio Hilario Moreira Junior - CRB-8/9949

Índice para catálogo sistemático:
1. Literatura: crítica literária 809
2. Literatura: crítica literária 82.09

n-1

O livro como imagem do mundo é de toda maneira uma ideia insípida. Na verdade não basta dizer Viva o múltiplo, grito de resto difícil de emitir. Nenhuma habilidade tipográfica, lexical ou mesmo sintática será suficiente para fazê-lo ouvir. É preciso fazer o múltiplo, não acrescentando sempre uma dimensão superior, mas, ao contrário, da maneira mais simples, com força de sobriedade, no nível das dimensões de que se dispõe, sempre n-1 (é somente assim que o uno faz parte do múltiplo, estando sempre subtraído dele). Subtrair o único da multiplicidade a ser constituída; escrever a n-1.

Gilles Deleuze e Félix Guattari

n-1edicoes.org